너의 최초는 어디야?

너의 최종은 어디야?

그래 지금은 잠시 머무는 거구나.

머무는 동안 괴롭지 않으면 좋겠어.

너와 나는 모두 헤어지고 결국 흩어지겠지.

그래서 널 만나 반갑다.

지금 잠시뿐이니까.

영원에서 영원으로 가는 중에

우리는 비록 한생살이지만

찐하게 존재하고 싶어

너를 지금 그대로 바로 볼게.

잠시라도 너의 존재를 내가 인식할 수 있도록.

영원과 영원 사이에서

아이스크림 하나를 너에게 준다.

달콤하지만 빨리 녹아.

그니깐, 지금 당장 먹어버리자고.

영원과 영원 사이

아스크림 2개.

< 목차 >

<죽음> 철새
<마음> 달이 내 마음을 만들었나?
<나> 역할놀이
<공> 옳고 그름
<소설> 눈물 자국
<동물> 닭과 고양이
<다툼> 왜 우리는 싸우는가
<나> 잃어버린 나
<인정> 인정의 본성
<두려움> 얻을 것이 없다는 자유
<반응> 그랬다치지 뭐
<집착> 견인되면 더 빡세게 놀아야 해.
<공> 나는 내가 아니다.
<사랑> 2
<놀이> 아, 나의 놀이는?
<욕망> 나는 무엇에 길들여져 있을까?
<친구> 디스크 이야기
<자유> 밧줄 풀고 떠나기
<마음> 내 마음에 들어라.
<관계> 양배추와 수제맥주
<사랑> 자유를 주는 것은 사랑을 주는 것.
<소설> 곧게 뻗은 소나무

<소유> 나의 확장

<꿈> 결핍으로 시작하여 탐험을 하자.

<공> 청춘일 때는 왜 청춘인 줄 모르는가?

<사업> 사업 함 해보슈

<사랑> 사랑과 자유

<책> 감탄만 하고 끝

<잠> 잠에서 깨어나는 것은 당연한 게 아니다.

<욕망> 배불러도 먹는다.

<반응> 나를 위한 평안

<노인> 노인과 노인의 반대

<돈> 돈이 필요한 이유, 벌어야 하는 이유

<다름> 미국이 살기 좋나?

<가치> 사우디 아라비아

<나> 떠나고 싶은 너

<지금> 강아지와 뒷일

<나> 나는 인연 따라 색깔을 가진다.

<사랑> 떠날 수 있는 그가 머물러준다면

<시간> 양자역학과 과거현재미래

<행복> 넌 하루 중 언제 제일 행복해? 넌 하루 중 언제 제일 편안해?

<감정> 슬픔은 왜 나누면 반이 될까?

<시작> 넌 항상 불평을 한다.

<존재> 유일한 존재들

<욕망> 카와라나이 모노

<사랑> 반복

<선> 착해도 욕먹을 수 있는 게 세상이다. 당연당연.

<상담> 답이 없다니깐.

<생명> 일어나라

<감정> 썩는 냄새

<자아확장> 어느 날 돈까스와 맥주가 신기하였다.

<환경> 환경과 인간과 책

<나> 나의 유용함

<비교> 참되게 너를 보려 해.

<진화> 경쟁보단, 변화의 적응 & 협력 공존.

<사랑> 본모습

<욕망> 무언가를 얻으려고 하면

<설레임> 처음, 사람, 성취

<마음> 역할에 따라 바뀌는 마음들

<긍정> '있는 것'에 집중해보기

<행복> 도를 도 라 하면 이미 도가 아닌 것처럼

<소유> 집착과 사랑

<오늘> 오늘 어땠어?

<건강> 건강하려면

<의지와 환경> 의지와 환경

―---------------------------

어머니, 사랑은 무엇입니까?

사랑을 직접 해보라.

너의 몸, 너의 마음, 너의 환경에 맞게 해봐야 한다.

아버지, 일이란 무엇입니까?

일을 직접 해보라.

너의 몸, 너의 마음. 너의 환경에 맞게 해봐야 한다.

아들아, 딸아, 행복이 무엇이냐?

꺄아아아.

엄마, 난 치킨이 되고 싶어.

<죽음> 철새

철새는 오래 머무르지 않는다. 어느 날 갑자기 미련 없이 떠난다. 열심히 만든 둥지가 있어도, 추억이 있어도 어쩔 수 없다. 그들에게 중요한 건 지금 이 순간 더 따뜻하고, 더 먹이가 있는, 행복을 찾아 살아갈 곳으로 날아가야만 하는 것이다. 겨울이면 따뜻한 곳으로, 여름이면 서늘한 곳으로. 그 날갯짓엔 집착이 없다. 떠날 때 눈물을 흘리지 않는다.

철새는 안다. 니땅 내땅도 없고, 자유롭게 날아가 한 계절 보낼 수 있으면 된다는 것을, 온 지구의 바위 틈과 나무 위가 그들의 것임을. 그리고 모든 곳은 잠시 머무는 것일 뿐이라는 걸.

우리는 보통 그렇지 않다. 정착하는 생활을 한다. 한 곳에 뿌리를 내리고 산다. 때로는 '고향'이라 부르며, 사랑하고 그리워한다. 그러나 그 정착은 불편함을 감수하며 살아야 한다. 추우면 춥다고, 더우면 덥다고 불평하면서도 그 곳을 떠나지 않는다. 정착은 집착을 만들어낸다. 여기를 벗어나면 어떻게 살라고. 언제 또 적응하냐고. 이 수많은 가구들을 옮겨야 하고 집이 팔려야 한다고. 조금 불편해도 여기가 좋다고.

사람을 떠나지 못하고, 물건으로부터 떠나지 못하고, 지금이 싫으면서 직장을 떠나지 못하고, 잘못된 습관으로부터 벗어나지 못한다.

삶을 떠날 때 집착의 모습과도 비슷하다. 죽음. 우리는 가족, 지인과 함께 삶에 머무는 시간을 가능한 영원토록 이어가고 싶어한다. 그러나 사랑하는 이도, 가족도, 친구도 모두 언젠가는 떠난다. 죽음으로.

죽음은 꼭 무거운 슬픔이어야만 할까? 철새처럼 우리가 함께 머물렀던 그 시절, 그 장소에 '충분히' 사랑했다면 이별은 그저 또 다른 계절의 이동일 뿐이다. 엄빠도 나도 동생도 친구들도 이 인생에 잠시 머무는 철새일 뿐이다. 우리는 결국 모두 헤어진다. 쓸쓸한 생명의 운명에 순응하며 "안녕"을 말해야만 한다. 철새가 떠나는 것은 그 곳이 싫어서가 아니다. 더 나은 곳, 더 살아갈 수 있는 곳을 향한 자연의 흐름일 뿐이다. 그것은 순리적이다. 자연스럽다. 철새처럼 나의 떠남과 너의 떠남을 두려워하지 않고 계절을 따라 제철과일을 먹고 온몸으로 눈 비 햇빛을 맞으며, 경직되지 않고 유연하게 죽음이든 결별이든 마음 낼 수 있다면…

철새는 이제 날아간다. 날아가며 생각한다. 잘 가 아버지, 잘 가 어머니, 잘 가 동생아 그대들과 함께해서 참 좋았다. 이제 진짜 영원히 떠나는 구나. 이번이 마지막 이동이구나. 참 좋았습니다. 진짜로. 또 만나. 또 만나.

―-----------------------------

만나면 헤어지기 마련이고

헤어지면 다시 만나기 마련이다.

―-----------------------------

<마음> 달이 내 마음을 만들었나?

내가 달을, 둥그니까 예쁘네 하고 좋아하면
내가 좋은 것이지, 달이 스스로 좋은 것이 아니다.

내가 달을 보고, 얼룩덜룩 해서 싫어 라고 하면
내가 싫어하는 것이지, 달이 스스로 싫어함이 아니다.

내가 좋아하는 마음을 내면, 내가 즐거워지고
내가 싫어하게 되는 마음을 내면, 내가 괴로워진다.

달이 나에게 좋은 마음을 일으키거나
달이 나에게 나쁜 마음을 일으키는 것이 아니다.

내 마음이 좋은 마음 또는 나쁜 마음을 만들어낸다.
달은 달 그 자체일 뿐이다.

너,

내가 너를 좋아하고 사랑하면
내가 좋고 행복하다.

내가 너를 싫어하고 원망하면
내가 화나고 괴로워진다.

우리는 가끔 착각을 한다.
내가 다른 사람에게 화를 내고 짜증내면
내가 좋아지고 행복해지는 것이 아니다.

우리는 가끔 착각을 한다.
다른 사람들을 도와주고 사랑하면
내가 비참해지고 손해보는 것이 아니다.

내가 행복해지고 싶고, 나를 사랑하려면
다른 사람을 행복하게 해주고, 도와줘라.
달을 예쁘게 보아 내 마음이 좋아지는 것처럼.

그러므로,

나의 마음이
곧
나다.

―----------------------

힘들어.
끝이 있을까?

있지.
단, 끝까지 가야 해.

—--------------------

<나> 역할놀이

친구 박씨는 아침마다 아이를 먹이고 양말을 신기느라 분주하다고 했다. 하지만 아이가 해맑게 웃으며 도망 다니기 때문에, 그의 아침은 늘 고단하면서도 행복하다고 했다. 아내와 함께 아이를 어린이집에 맡기고 나면 그는 다시 연구원으로 돌아간다. 실험실에서 논문을 쓰고 실

험을 하고, 영어로 PPT를 준비하며 프로페셔널한 연구원의 하루를 보낸다. 박씨는 '아빠', '연구원', '남편', '친구'말고도 더 많은 여러 역할을 동시에 해낸다. 하지만 내게 그는 여전히 고등학교 시절의 그 친구, 그때 그 모습 그대로다.

생각해보면 박씨뿐 아니라 우리 모두 그렇다. 각자 맡은 역할을 진지하게 수행하며 살아간다. 어떤 역할은 우연히 주어지기도 하고, 어떤 역할은 스스로 원해서 선택한 욕망의 결과이기도 하다. 친구인 나의 눈에는, 그는 학창시절 내내 나와 함께 웃고 공부하고 장난쳤던 그 사람이다. 기숙사 열람실에서 함께 시험 공부하던 기억, 대학생 때는 누구보다 수준 높은 야한 농담을 주고받으며 웃던 시간들이 떠오른다. 그래서 가끔은 서로를 바라볼 때, 마치 여전히 그때 그 모습인 듯 만만하게 느껴지기도 한다. 하지만 각자의 자리, 각자의 역할 속에서는 누구나 저마다 의젓하고 진지한 면모를 가지고 있는 것이다.

관계들의 역할 측면에서 보면, 똑같은 사람을 지속적으로 대하지만 세월이 흐르면서도 늘 비슷하게 대해야 하는 관계가 있고, 역할이 점차 비슷하지 않게 '발전'해야만 하는 관계도 있다. 박씨와 나, 우리의 친구 관계는 비교적 한결같다. 세상이 변하고, 우리 삶이 바뀌어도 기본적인 관계의 틀과 방식은 크게 다르지 않다. 대화의 주제는 꿈, 여자, 정치처럼 조금씩 달라졌지만, 여전히 비슷한 틀의 농담을 나누고, 비슷하게 술을 마시며 놀고 웃는다.

하지만 박씨와 아이의 관계는 다르다. 그건 발전하는 관계다. 아이가 어릴 땐, 무뚝뚝하던 박씨도 "까꿍" 같은 말을 해야 하는 것부터 시작해서 내가 한 번도 들어본 적 없는 귀여운 말을 쓰며 장난을 치고, 낮은 눈높이로 무려 엉금엉금 아이와 함께 기어 다닌다. 그러다 아이가 점점 자라 청소년이 되면, 서로의 의사를 존중하는 법을 배울 것이다. 사춘기의 벽에 부딪히지 않도록, 다치지 않도록 가정의 평화에 힘쓰며 아이와 잘 지내야 하니까. 그리고 언젠가 아이가 다 크고 나면, 이제는 인생의 동반자이자 친구 같은 자식으로 관계를 이어가야 한다. 그렇게 아빠와 아이의 관계는 시간이 지날수록 새로운 역할이 계속 개선이 필요하다. 같은 사람을 마주하지만, 발전해야 하는 역할 관계인 것이다. 이러한 인생의 역할 놀이에서 배우들의 역량이 부족하면 문제가 생긴다. 아빠라면 아빠다워야 하고, 연구원이라면 연구원다워야 한다. 그 역할에 맞지 못하면 나도 괴롭고, 상대도 괴롭다. 역할은 단순히 '이름'이 아니라 '능력'과 '태도' 그리고 '처해진 환경의 이해'를 요구한다. 상당히 어려운 것이다. 늘 의사소통을 해야 하며 혈액순환이 되어야 한다. 그 씬에 어울리지 못하면 관계는 서서히 금이 가기 마련이다.

물론 세상에는 모든 역할에서 벗어난 도인 같은 삶을 사는 사람도 있다. 그러나 나는 중요 관계에서 만큼은 지극히 자유로움보다는 느슨한 구속을 택하고 싶다. 정규분포의 넓은 쪽, 적당히 평범하고 마찰 없는 삶이 어느 정도 있는 것이 좋다. 소속감은 중요하기 때문이다. 가까운 친밀한 관계는 뿌리처럼 나의 안정적인 부분을 채워준다.

살다 보면 어떤 역할은 종료될 수 있다. 어느 날 사귀고 있던 여자 친구가 떠나가면, 나는 더 이상 남자 친구가 아니다. 그 멜로영화는 중단되고 나의 배역은 사라진다. 또 안타깝게도 자식이 세상을 떠나면, 더 이상 아버지로서 존재하지 않는다. 물론 법적으로, 사회적으로는 여전히 아버지였던 사람이지만, 그 관계의 역사는 슬프게도 더 이상 쓰여 질 수 없다. 내가 회사를 그만두면 직장 동료와의 관계도 서서히 멀어지고 나의 회사에서의 역할은 끝나게 된다.

그렇게 인생의 역할 놀이는 하나씩, 또 하나씩 세월이 흐르며 줄어든다. 그 늘어가는 관계의 빈자리를 마주할수록, 우리는 서서히 고립감과 외로움을 느낀다. 관계 속에서 역할을 수행할 땐 몰랐지만, 잃고 나니 무거운 쓸쓸함이, 관계가 사라질 무렵부터 서서히 아려 온다. 그저 역할이 종료되었을 뿐인데, 마치 마음 한 조각이 떼어진 느낌이다.

어쩌면 나의 역할들은 내가 존재하는 이유의 부분들이었기 때문이다.

특히 가족이 세상을 떠나면, 그 사람과 함께 쌓아온 모든 역사들이 켜켜이 접혀 시간의 빈 공간 속으로 사라진다. '우리 둘만' 아는 이야기, 함께 기억했던 순간들이 점점 희미해진다. 늘 함께 기억했던 그 추억을 이제는 혼자 기억한다. 그 사람과 나 사이의 장대한 하나밖에 없는 드라마틱한 서사의 영화는, 이제 나 혼자 머릿속 영화관에서 혼자 울면서 시청해야 한다. 그리고 내가 세상을 떠나면 이제 아무도 상영해 주지 않는 있어도 없는 영화가 된다. 우리 둘 외엔 존재한 적 없는 아무도 모르는 사라진 영화가 된다.

누군가와 함께한 역할의 시대에서의 호흡을 맞추었던 상대의 공백은 사라진 시간과 추억의 무게를 안고 있다. 그렇게 우리는 하나의 역할, 하나의 관계가 사라질 때마다, 또 하나의 자신을 잃어간다.

나는 그 사람에게서만의 나였기 때문에.
그도 나에게서만의 그였기 때문에.

그러나 관계는 점점 줄어들기만 하는 건 아니다. 우리는 새로운 역할을 통해 새로운 나를 발견한다. 또 다른 역할, 또 다른 관계 속에서 우리는 또 새로운 영화를 찍는다. 한 영화가 끝나면 다른 영화의 시나리오가 시작된다.

그렇게 여러 편의 작품 속에서 다양한 배역을 맡으며 나이를 먹어간다. 잘 만들어져서 감동적인 명작이 나오는 반면, 새로운 상대 주인공의 역할이 미숙하거나 조연들의 방해로 망한 것도 있다. 또 장르가 다른데 내가 익숙하지 않을 수 있다. 누군가는 멜로를 한 번도 못 찍어봤을 수 있듯이.

나의 모든 영화는 완벽할 수 없다.

언젠가 우리는 깨닫는다. 모든 관계를 다 제대로 품을 수는 없다는 것을. 그리고 앞으로의 나 자신을 위해 결국 적절한 가지치기가 필요하다는 것을. 그렇게 우리는 스스로의 선택과 경험의 결과로, 가장 만족할 만한 관계들로 삶을 앞으로 채워 나가려 한다. 물론 내 마음대로 다 되지는 않기에, 그 과정에서 어떤 관계는 소중히 남고, 어떤 관계는 조용히 퇴장한다. 변화하는 시간과 환경, 등장인물들의 성장 속에서 중요한 것은 '나'다. 나는 이 모든 작품들의 주인공이며, 영화의 품질과 예술성, 고유성에 영향을 가장 잘 미칠 수 있는 열쇠를 쥐고 있는 사람이다.

수많은 역할의 '여러 가지 나'가 있지만, 그럼에도 불구하고 나는 문득 묻는다. 순수한 내 본모습은 언제, 어디서 만날 수 있을까? 아마도 아무 역할을 하고 있지 않을 때 즉, 외로울 때, 문득 공허할 때, 삶의 무대가 잠시 꺼진 어둠 속에서 잠깐 나는 무대 밖의 나를 만난다. 관계가 사라지고, 역할이 사라진 빈자리에 남겨진 나. 그 나를 볼 수 있다. 낯설기도 하고, 역할을 지우고 남은 맨 얼굴. 그러니 외롭다고 해서 외로워 슬퍼만 말고 나를 한 번 돌아볼 기회가 주어진 것이라고 생각해보면 좋지 않을까? 이건 평소에 풍만한 관계에서 상상만으로 도달할 수 없는 것이니까. 그때야 나는 깨닫는다. 나의 역할은 늘 관계 속에서 주어져 왔다는 것을. 타인이 나를 불러줄 때, 나는 그 이름의 역할로 존재했다는 것을.

그렇다면 오롯이 주어진 내 본래의 역할은 무엇인가?

그 말은 내가 무엇을 원하느냐에 달려있다. 내가 내 인생 자체의 주인공이 아닌 주인이 되어야 한다는 것이다. 많은 관계 속에서 나는 나만의 고유성을 잃지 않으며 당면한 역할을 해 나가야 한다. 어쩌면 나는 수많은 역할에 진정한 나를 잃었는지 모르겠다. 역할 수가 많이도 좋은 것이 아니며 적어도 좋은 것이 아닌 나만의 관계가 적절하게 있으면 된다. 그래. 중용을 알기 위해서는 나를 알아야 한다. 이 재미있는 남은 인생을 또 찐하게 느껴보려면.

―------------------------------

피해자가 있었다. 괴로워했다.

어느 날, 가해자를 잡았다. 멱살을 잡았다.

피해자는 자신의 멱살을 잡고 있었다.

―------------------------------------

<공> 옳고 그름

자신의 옳고 그름, 세상의 선과 악, 니편과 내편,

모든 것을 이 두가지로 나누려는 생각을 점점 줄여서
마침내 하지 않게 된다면

그러니까, 나의 기준으로 모든 것을 보고
선악으로 나누는 믿음을 내려놓을수록.

그러면 사물을 있는 그대로 볼 수 있고,
나의 개인 판단을 내려놓을 수 있게 된다.

무언가를 있는 그대로 본다는 것은 무엇이냐?

내 선입견과 나의 상식과 과거의 경험 등으로 타인이나
현상을 보지 않는 것이다.

나는 빨래는 자주 빨아야 냄새가 안 나서 좋다 라고 했는
데, 상대는 자주 빨면 환경오염이 되니까 모아서 빨아야

한다 라고 얘길 했다. 둘 중에 누가 옳은 것인지 따지면 결론은 서로가 옳은 것이다. 빨래는 빨래하는 것만 생각하면 된다. 그 주기나 방법은 내 앞에 있는 상대뿐만 아니라 어느 누구를 데려와도 다르다. 모든 사람들이 다르다.

그래서 나의 주장을 굳이 이 사소한 일에 남에게 관철시키거나 이기려 들 필요가 없다. 그러면 나는 더 행복해지지 않고 상대도 마찬가지다.

세상을 흑과 백으로 보지 않고, 수많은 관념과 규범,
타인의 기대, 과거의 경험을 비우면

텅빈 충만함을 갖게 된다.
진정한 본 모습을 볼 수 있다.

새로운 눈으로 그대로 무언가를 보는 내가 되면,
내 스스로 집착 없이 그냥 무언가를 한다면

그것은 자유로운 내가 하는 것이 된다. 자유인이 행하는 것은 역시 선도 아니고 악도 아니다. 해야 할 일도 없고 하지 말아야 할 일도 없다. 세상 모든 사람들이 나에게 하는 제 각각의 판단들도 나에게 그리 영향을 미치기 않는다. 세뇌되지 않는다. 자존감이 선다. 눈치보지 않아도 된다. 비교하지 않아도 된다. 그러면 이르는 곳마다 주인된 삶을 살수 있고 가는 곳 마다 내가 뭘 하든 참되다. 물아일체 무위자연. 존재와 존재사이의 경계가 사라지고, 모든 것은 연결되어 있다 못해, 세계가 한 몸처럼 느껴지는 경지. 그때는 옳고 그름을 판단할 주체도, 판단해야 할 대상도 없다. 내가 걸으면 나의 온 세상이 걷는 것이다.

―――――――――――――――

사회화를 그만두자.

그리고

존재하지만 말고 살아가자.

―――――――――――――――――

<소설> 눈물 자국

정신을 차렸을 땐, 나는 친구들과 놀고 있었다. 매일. 다들 그렇게 사는 줄 알았다. 이따금 뭔가를 배우긴 했지만, 선생님들은 우리를 꽤 잘 돌봐줬다. 유년기의 나는 그게 평범한 일상이라고 믿었다. 어느 날, 초등학교 1학년이 되던 해에 선생님이 말했다. 나를 데려가고 싶다는 분이 있다고. 그 집엔 나를 더 잘 보살펴줄 어른들이 있다고 했다. 그 말을 듣는 순간, 낯선 감정이 밀려왔다. 선생님을 떠나는 건 내 인생에서 상상도 해본 적 없는 일이었다. 양부모? 엄마, 아빠라고 부르라고 했다. 다들 그렇게 한다고 했다. 아, 이제 나도 그런 사람들이 생기는구나. 어디서 들어본 말이었다. 하지만 이상했다. 너무 어색했다. 그들과 함께 있다는 게, 나를 위한 부모라는 개념 자체가 혼란스러웠다. 나의 부모는 있었던 것일까? 나를 왜 아주 어릴 때 이 보육원으로 보냈을까? 진짜 사랑 같은 사랑, 그 가족이라는 안정감은 뭘까? 불편했다. 어린 나에게는 모든 것이 이상하고 불편했다. 선생님이 보고싶었다. 적

응할 수 없었다. 결국 얼마 지나지 않아 다시 보육원으로 돌아왔다.

중학생이 되었을 땐 또 한 번 입양을 갔다. 이번엔 좀 더 좋은 사람들 같았다. 나도 노력했다. 왜냐하면 중학교에 다니면 부모가 있어야 할 것만 같았기 때문이다. 다들 그랬으니까. 사랑? 잘 모르겠다. 내가 사랑을 주거나 나누는 방법은 잘 몰랐던 것 같다. 잘 받는 법도 몰랐고. 너무 어렵다. 가족이라는 개념은 도대체 뭘까? 난 매일 밤 잠들기 전에 나의 최초, 과거에 대해 생각했다. 궁금하고 슬펐고 비참했다. 난 버림받았다는 것을 점점 확실히 느낄 수 있었다. 지금의 양부모는 좋은 사람들이었지만 내 자신이 나를 받아들일 수 없었다. 이 상황도. 비정상. 그래 정상적인 방식으로 살지 못한 것 같다. 나는 비정상적인 사람이야. 내 인생이. 행복이란 없어. 도대체 왜 인생이 아름답다고 그 영화는 얘길 한건지. TV도 다 나의 인생과는 전혀 맞지 않는, 그러나 부러운 모습들뿐이었다. 결국, 두 번째 입양도 파양으로 끝났다.

고등학생이 되던 해, 남자친구가 생겼다. 좋은 사람이었다. 보육원 선생님과는 다른, 양부모와 다른, 뭔가 나랑 더 잘 맞는 사람인 것 같았다. 처음 느껴보는 관계였다. 우리는 늘 함께했고, 그게 가족이 이루어지는 첫 번째 단계일 수 있겠다는 생각이 들었다. 나에게 기대와 희망이 생겼다. 그러다 어느 날, 몸이 이상해서 병원에 갔더니 임신이라고 했다. 그 사실을 그에게 전했을 때, 그는 조금씩 멀어졌고, 결국 아무 말없이 연락이 두절되었다. 그 느낌은 자살을 생각하기에 아주 충분했다. 지금껏 세월이 갈수록 내 옆에 있는 나의 사람이라곤 없었다. 친구들, 선생님, 양부모들, 남자친구까지. 마음 붙일 사람이 없다는 것. 나는 애초에 그것들을 누리기에 불가능한 운명인가 봐. 그러면 살 이유가 없지. 어느 누가 나로 살아도 자살을 해야 한다고 생각했다. 모든 것이 싫었다. 정말 그 모든 것이. 어떻게 죽을지 나는 무슨 존재인지 생각하며 몇일간 방안에 누웠다. 천장의 꺼진 형광등만 바라봤다. 천장 한구석에 켜지지 않는 저 얼룩덜룩한 형광등이 나처럼 느껴졌다. 이제 버리기만 하면 되는 형광등.

죽기 전 친구와 밥을 한번 먹고 싶었다. 많은 이야기를 했다. 배가 부르고 맛있는 것을 먹으니 좋았다. 집에 오는 길에 나는 스스로에게 물었다. 그래도 이 아이는, 내 유일한 피붙이니까. 가족이니까. 가족? 나에게 첫 가족이 생기나? 나처럼 버림받아서는 안돼. 죽여서도 안돼. 돈이야 벌면 되지. 그래, 나는 이 아이와 함께 살기로 했다. 이건 정말 많이 생각했다. 딱 한번만 더 살아보자. 진짜 마지막이다.

아이가 어린이집에 있는 동안만 일을 해야 했기에, 시간이 맞는 곳을 찾기 어려웠다. 식당 면접을 봤지만 번번히 거절당했고, 고용이 되어도 손님들이 너무 많아서 실수를 자주 했다. 손님아저씨에게 욕도 들었다. 설거지를 너무 많이 해서 늘 손이 따가웠다. 그래도 퇴근해서 아이와 마주하면 모든 게 잊혀졌다. 아이를 보고 있으면, 내 유일한 기쁨이 느껴졌었다. 내가 이 아이의 진정한 엄마이기 때문이다. 이제는 가족이 있는 것이다. 나는 가정이란 걸 못 느꼈지만 이 아이는 친구들과 선생님이 아닌 엄마가 있다. 내가 안 죽어서 이 아이도 있는 것이다. 아이가 웃을 때마다 난 내가 죽지 않았던 게 잘한 선택이라고 생각했다.

식당에서 일한 지 얼마 안 되어 그만 둬 달라는 얘기를 들었다. 마지막 월급도 생각보다 적었다. 세금이라며 떼인 돈도 많은 것 같았다. 그래도 그날, 마트에서 수입산 소고기를 사서 먹었다. 불고기만 먹어봤지, 직접 부위를 구워 먹는 소고기는 처음이었다. 아이와 함께 호호 불어가며 먹었다. 작지만 소중한 우리의 몇 안되는 그 행복들이 생각난다. 아이는 장난감을 좋아했다. 로보트를 이리저리 들고 뛰어다니며 웃었다. 난 같이 로보트를 들고 악당 역할을 했다. 아이의 빨간 날개 달린 로보트는 늘 악당을 무찌르며 세상을 구했다. 월급날이면 나는 아이에게 로보트를 사주려고 했다. 그 순간들만큼은 내가 이 세상에서 아이와 함께 잘 살고 있다고 느꼈다.

한번은 전기가 들어오지 않았다. 전기세가 많이 밀렸단다. 행복을 조금이라도 누리면 언제든 공과금이 부족했다. 바보 같았다. 왜 이렇게 돈관리를 못 하나. 진짜 어려울 때는 보육원 시절 친구에게 도움을 부탁했다. 두 번 도움을 구했더니 너무 미안했다. 그러나 어떡해. 아이 앞에서는, 아이에게 먹이고 입히고 할 때, 나는 전기세를 생각할 수 없었다. 일단 아이가 웃어야 했다. 그게 내가 웃는 것이었다. 그것은 곧 어렸을 적 내가 웃는 것이었다. 그 아이는 과거의 나였다. 아이는 아빠가 없다고 해서 주눅 들지 않으면 좋겠다. 내가 보육원에서 첫 인식했던 나의 어린시절의 그 세계가 나를 기본적인 정체성을 만들어 주었기 때문에. 아들은 그러지 않길 바랐다. 아들이 크면 그의 첫 기억은 엄마와 웃는 모습으로 맛있게 함께 밥을 먹고 로보트 놀이를 했다고. 그렇게 말해주었으면.

나는 언제나 일을 찾아야 했다. 좀더 시간당 돈을 많이 주는 곳을 찾고 싶었으나 어려웠다. 대학을 못간 것 때문이기도 하고, 세상 일을 배울 시간과 여유가 없었다. 다들 똑같이 힘들게 사는 거지 뭐. 조그만 차 있었으면 좋겠다. 맨날 걸어 다녀 다리가 아프다. 편의점, 작은 식당, 몇 시간짜리 알바들을 종종했다. 그래도 아이와 나는 잘 웃었다. 버티는 듯하면서도 우리는 함께 잘 살고 있으니까 말이야.

그러던 어느 날, 불이 났단다. 연기가 많이 피어올랐고, 숨이 쉬어지지 않았다. 숨을 들이키는데도 숨이 쉬어지지 않는 이상한 느낌이었다. 숨에서 시큼한 맛이 났다. 검은 연기 때문에 서서히 앞이 잘 보이지 않았다. 연기가 무서웠다. 아래 층은 이미 불이 활활 보이고 뜨거운 열기가 올라와서 내려갈 수 없었다. 머리 뒤통수에서 뭔가 띵 하는 느낌이 났다. 나는 아이를 안고 위로 도망쳤다. 문이 잠겨있었다. 손잡이를 찾아 미친듯이 더듬어봤다. 기침이 계속 나고 눈도 너무 매웠다. 손잡이를 찾았는데 열리지 않았다. 답답했다. 주저앉았다. 아이는 아직 작았다. 살아야 하는데 살 방법이 없었다. 너무 뜨거웠고, 숨이 막혔고, 눈물이 흘렀다. 너무 너무 뭔가 억울했다.

나는 생각했다. 내 인생은 왜 이토록 힘들기만 했을까. 나는 애쓰며 잘 살려고 했는데 잘 안되었다. 나는 꽃피는 인생을 살고 싶었다. 억울하면서도 동시에 조금은 좋았던 기억도 떠올랐다. 아들과 함께한 짧지만 따뜻했던 순간들. 웃고, 같이 고기를 구워 먹고, 장난감을 사러 갔던 날들. 나는 사랑받지 못했으나, 내 모든 사랑을 줄 수 있었다. 나는 아이를 꼭 껴안고 눈을 감았다.

나는 결국 중환자실에 누웠다. 그러나 아무것도 인식할 수 없었다. 더 살고 싶었는데 잘 안되었다. 얼마 후, 나는 심장이 뛰지 않게 되었다. 떠나면서도 아들에게 미안했다. 좋은 엄마가 되고 싶었고 함께하는 엄마가 되고 싶었는데. 너에게 좋은 가족이 되고 싶었는데. 세상 일이 엄마 마음대로 잘 안돼. 사랑한다 아들. 나 없어서 어떡해.

- 실화를 바탕으로 재창조한 소설입니다. 고인의 명복을 빕니다.

못 가졌다고 항상 불행한 것이 아니야.

가지고 있어도 항상 행복한 것이 아니야.

——------------------------------

<동물> 닭과 고양이

고양이야. 넌 어떻게 사람들하고 한집에 같이 살 수 있는 거야? 밥도 얻어먹고 좋겠다.

닭아. 넌 깃털도 빠지고, 똥도 아무데나 싸서 인간들이 너를 곁에 두지 않는 거야. 그래도 너는 알을 낳으니까 사람들이 그나마 집 주위에 살게 해주지. 그리고 새벽에 시끄럽게 울어 제끼지 말고 좀 소리를 낮춰. '꼭깨요~' 라고 안해도 인간들은 알람 들으며 아침에 잘 일어나니까. 인간들이 너를 싫어하지 않게 너의 본성을 좀 죽이란 말이야. 넌 왜 그렇게 생각이 없니?

고양이야. 그렇구나. 너는 보드라운 털을 비비며 사람들에게 아양을 잘 떨던데, 넌 왜 본성을 어기니?

닭아. 나는 내 본성대로 살았는데 사람들이 좋아해 주더라고. 운이 좋았지. 어쩔 수 없어 세상의 이치니까.

고양이야. 왜 사람들이 너를 잡아먹지 않아? 내 어릴 적 형제들은 양계장이라는 곳에서 태어나고 자라고 결국 다 죽었어. 사람들이 깃털을 뽑고는 목을 자른 다음 토막 내어 결국 기름에 튀겨 먹더라고. 강아지랑 고양이 너희들은 사람들이 좋아해주는 것 같아 부럽다. 사람들이 너희를 먹는 것을 내 생애 본적이 없어.

닭아. 사람들에게 좀더 아양을 떨어야 해. 그건 쉬운 일이 아니란다. 나도 사람들이 개인기를 시켜서 귀찮지만 그래도 간식이 진짜 존맛탱이라 어쩔 수 없이 하지. 사람들은 자기 마음대로 할 수 있는 것을 좋아해. 동물이든 자기 종족이든. 난 그들에게 잘 복종하니까 예쁨을 받는 거야. 닭 너처럼 교육도 잘 안되고 야생성을 그렇게 고집해서는 사람들이 너를 좋아하지 않아. 오히려 잡아먹지. 사람들은 이렇게 나처럼 개인기를 부리고 부비부비를 좀 해주면 웃으면서 날 사랑해 주거든. 인간들은 피부에 부드럽고 따뜻한 것이 닿는 걸 좋아해. 그들은 무언가를 사랑하면 잡아먹지 않고 오히려 보호해줘. 난 인간들에게 약간 지배받는 것 같긴 하지만 그래도 내 목숨을 부지하며 사랑받으니 나쁠 게 없지. 또 더 이상 사랑하지 않으면 먹지는 않지만 버리더라. 내 친구도 버려졌어. 필요 없어진 거지. 그들이 돈이 모자랐을 수도 있고. 아마도 우리들의 살이 좀 맛있었다면 먹히지 않았을까? 우리는 맛이 인간들에게 그렇게 좋은 건 아닌가 봐.

고양이야. 인간들은 말을 잘 듣지 않는 동물도 사랑해주더라. 그건 왜 그러는 거야?

닭아. 인간이란 복잡해. 멸종된다며 안 잡아먹기도 하고, 어렸을 때부터 먹는 것 안 먹는 것 교육받으면 그냥 어떤 동물들을 안 먹기도 하더라고. 환경 보호한다고 식물만 먹는 사람도 있어. 복잡해. 그들 나름대로 생각하는 게 있지. 모두 다 달라.

고양이야. 난 잡아 먹힐까 두려워. 너는 그런 걱정 안 해도 되서 정말 좋겠다. 나 요즘 이제 알이 잘 안나와. 더 이상 인간들에게 쓸모 없어 졌나봐. 난 여길 벗어날 수도 없어.

닭아. 내가 해줄 말이 없다. 다음 생에는 꼭 강아지로 태어나렴. 그들은 병원에도 갈수 있데. 잘 잡아 먹히지도 않고. 장례식도 치뤄준다카고. 난 치킨 장례식… 아 미안. 난 닭 장례식은 본적은 없어. 사람들과 친해지고 볼 일이야 정말.

어느 날, 고양이는 간식을 먹었다. 닭의 단단하고 살 없는 목뼈 부분이었다. 인간은 고양이에게 앉아. 라고 했다. 고양이가 앉으니 웃으면서 간식을 주었다. 고양이는 맛있게 먹고 아양을 부렸다.

—·················

'나의 것'을 지키다가

'나'를 잃으면 우짜노.

—······························

<다툼> 왜 우리는 싸우는가

서로 맞다고 우기기 때문이다.
서로 옳다고 주장하는 것이다.

세상 만물이 달라서 그들의 입장에서는
각각 서로 모두 맞는 게 당연한 이치다.

그러나 언제나 난장판이 되지 않고
세상 모든 사람들이 맨날 싸우지 않는 이유는

받아들임과 인정.
그것을 위한 대화를 하기 때문이다.

난 니가 이렇게 해 주길 바래.
난 니가 저렇게 해 주길 바래.

그렇게 대화하고,
그래도 다르면 떠나거나
설득하여 한 쪽이 받아들이면 된다.

굳이 힘들게 안 싸워도 된다.
싸워서 이겼다고 치자.
한쪽이 굽혔다고 치차.

그 이후에 뭐 잘 되겠나?
당신 같으면 싸우다 지면 기분이 어떠한가?

상대를 굴복시켜
자신의 옳음이 증명되는 것이
관계에 정말 도움이 되는가?

옳고 그름 보다
친절함.
사람다움.

먼 훗날,
너와 내가 맞고 틀림 보다
중요한 건…

——-------------------------

<나> 잃어버린 나

언젠가부터 남들이 원하는 것을 공부하기 시작했다. 영어. 외국계 회사에 들어가면 대우도 좋다. 영어가 되어야 외국 사람들과 일 하면서 더 많은 기회 창출을 할 수 있지. 그러나 나는 영어하기 싫은데. 그러면 그냥 한국 회사 다니면서 월급 받으면 되지. 근데 너 돈 많이 벌고 싶지 않아? 그래야 결혼도 하고 남 부럽지 않게 살수 있어. 세상에 하고 싶은 일만 하고 어떻게 살아, 스펙 쌓아야지. 하기 싫은 공부를 너는 할수밖에 없어. 너의 시간과 노력을 갈아 넣어.

영업 능력이 좋으려면 스피치 연습도 해야 해. 그래야 물건을 더 잘 팔 수 있잖아. 옷도 좀 잘 입고 살도 좀 빼고 그래야 널 보고 사람들이 물건을 많이 사지. 그러면 너의 몸값은 올라가고 회사도 좋아. 너도 좋고.

여러 그 짓거리를 30년 한 후, 어느 날 갑자기 너무 억울했다.

돈 버는 일하고 쉬고 그게 끝이었다.

내가 어릴 적 좋아한 일은 음악 듣기였다. 엄마 말마따나 음악을 듣기만 하면 돈이 나오거나 쌀이 나오지는 않았다. 그러나 어리석었다. 아무도 나에게 그것으로 돈 벌 수 있는 방법을 알려주지 않았다. 음악평론가는 글을 써야 하는 것도 있지만 음악을 들으면서 돈을 버는 일이 될 수 있었고, 작곡이나, 녹음-믹싱 엔지니어 역시 음악을 들으면서 일 할 수 있는 직업들이다. 노래는 비록 내가 잘 못 불러도 음악으로 돈 벌 수 있는 일중에 나에게 좀 맞는 일이 있는지 왜 몰랐을까? 아무도 가르쳐주지 않아. 그것이 인생인가? 나의 어리석음 인가? 내가 스스로 찾아냈었어야 해.

음식점 하고, 회사 다니고, 영업하며 차 팔고 하는 건 정말 아닌 것 같단 말이지. 과연 내가 그 일을 좋아하는가? 돈이 없어서 잠깐 다니긴 했지만 언제까지 이렇게 살아야 하는 가?

살아보니 어차피 부자 안될 것 같은데. 돈 벌면 집 사고 차 사고 치킨 시켜 먹는 게 일반적이지. 좀 살만하면 아이들 교육시키고 대학 학비 주고 결혼시키고 재산 좀 모을라 하면 부모님 병원비 드리고 관광시켜 드리는 인생도 굉장히 좋은 인생이지. 은퇴해서 어영부영 내가 아프면 자식들이 고생하는데… 해가며 한평생 살다 간다.

왜 나는 하고 싶은 게 없었나, 왜 내가 재미있게 살지 못했나, 음악 듣기의 멋진 직업을 못 누려보고 택시운전을 하며 누군가가 틀어주는 음악을 듣고 있나. 내가 직접 만든 곡을 적절하게 틀어주고 싶다. 왜 난 그리 못했는가? 안 한 건가?

언젠가부터 남이 원하는 일을 하고 있었다. 남에게 쓸모를 인정받으며 사는 동안

나 자신에게는 쓸모 있지 않게 살고 있었다.

열심히 괴로워하며. 월급 받고 술 먹고 여행 다니고. 쓰잘데기 없는 것 사고.

나 자신을 잃어가며, 실체도 없는 그 회사. 그 돈을 주는 현금 인출기에 내 시간과 나의 꿈, 나의 재미, 나의 소중한 것들을 나도 모르게 갈아 넣으면 현금과 스트레스가

출력된다.

행복한 사람은 하고 싶은 일을 하는 사람이다.

돈이 필요하다면 공장 찾아다니며 열심히 구인 활동하면 취직된다. 단순노동 하면 된다. 술 따라주고 웃음 팔면 된다. 진짜 배고파서 돈 없으면 어디 국수집에 들어가 청소를 할테니 하고 나서 국수 한 그릇만 말아줄 수 있나요 정중히 부탁해 볼 수도 있다. 아프면 병원비 없으니 뒤지는 수 밖에 없지만 그래도 먼 훗날 하고 싶은 일을 하다가 죽은 사람, 하고 싶은 일을 하지 못하고 죽은 사람 구분하면 전자가 100년도 못 사는 인생 홀가분하게 죽을 수 있지 않나. 근데 부모님, 자식, 친구들과의 비교 우위… 그래 소중하고 책임져야지.

그러면 씨부럴 나는 누가 책임지나?

왜 이렇게 삶이 어렵나? 어디 갔어 내 인생!

나는 무언 가에 잡혀 있다. 나는 보이지 않는 그물에 쌓여 회사로 보내어지고 있다. 버스와 지하철에서 핸드폰만 보며 웃고 있는 나는 오늘도 우울하다. 굉장히. 나는 열심히 살고 있다고 자위하고 있다. 그러나 나도 안다. 나의 인생이 굉장히 지금 별로이고 시도도 안 하면서 운만 따르길 바란다는 것을. 심지어 로또도 귀찮아서 안 산다.

난 왜 잡혀왔을까? 난 스스로 잡혀졌을까? 무엇을 위해서?

하루 일하면 10만원을 번다. 150만원 짜리 손가방은 나의 정확히 15일 일한 값이다.

아니. 내가 15일 동안 더 일해야 한다. 앞으로.

그런 식으로 내 인생은 돈과 바뀌지며 소비되고 있었다.

그런데 '나' 라는 존재는 없었다.

왠지 국가와 사회가 일자리를 종용해 주는 것, 자살하지 말라고 하는 것이, 열심히 쳇바퀴 돌며 세금 내라고 꾸민 짓인 것만 같다. (아 이건 너무 피해망상인가?)

왜 일하는 가?

왜 그 일을 하는 가? 당신의 인생에서 1/3을?

하고 싶은 일을 하지 못하는 굴레는 무엇인가?

아니면 용기가 없는 것인가?

똑같은 일, 똑같은 생각만 반복하면서 새롭게 시도하지 않은 자신을 매일 원망하고 있진 않은가?

곧 죽는다.

곧 죽는다.

다시 태어나는 것. 지금 하면 된다.

안 하고 싶은 것을 안 하는 것.

하고 싶은 것을 하는 것.

틀린 것을 틀린 줄 모르면 계속 어리석어진다.

틀릴 수 있다.

틀린 것을 틀린 줄 알아차리고 고쳐 나가기.

그렇게 하면 인생 수업이 올바르게 낭비됨이 없다.

—-----------------------------

<인정> 인정의 본성

'나 괜찮아?' 자신의 존재와 능력에 대한 불확실성 때문에 우리는 계속 남들로부터 인정받길 원한다. 긍정적 평가를 원한다. 자신의 모자란 자존감, 비교에서 오는 불안, 과도한 자기 객관화, 남들에게 쓸모 있어 보이고픈 마음 때문이다. 자기 자신을 긍정하는 힘이 약하기 때문이다.

스스로에 대한 평가를 신뢰하지 못하기 때문이다. '내가 정말 잘하고 있는 걸까?', '나는 내가 잘 하고 있는지 모르겠는데 너는 나를 어떻게 생각해?' 라는 마음이 생기는 것이다.

인간은 비교를 하며 발전하고, 열등감을 가지면서 일보 전진한다. 그 열등감은 '나는 지금 어떠한 가?'에 대한 문제를 스스로 끊임없이 제기한다. 그리고 그 질문의 답을 외부에서 찾기 시작한다. 우리는 관계속에 살기 때문에 타인의 생각을 통해 확인하는 것도 역시 필요하지만, 그것이 너무 많은 영향을 미치면 나의 존재가 사라지는 것이다. 그래서 자신에 대한 자신의 평가와 타인에 대한 인정 바라기는 균형이 필요하다. 그 균형은 사람마다 다르다. 또 나의 역량과 수련정도에 따라 다르다. 배드민턴을 처음 칠 때는 스승의 인정이 중요하다. 최적화된 기본기가 있으니까 자세를 교정하고 규칙을 배워야 하기 때문이다. 그러나 계속 그렇지 않다.

살면서 관계속에서 나를 끊임없이 비교하고 인정을 원해 왔다. 어렸을 적 두발로 걸었을 때, 최초로 받았던 부모의 인정부터 학교와 사회에서의 크고 작은 인정들까지. 세상을 그렇게 맛봤으니 이젠 내 자존감에 대해 스스로 정의하고 인정할 줄 알아야 한다.

좋은 자존감은 '나는 나의 평가를 믿는다'는 힘에서 나온다.

'인정받고 싶은 욕망의 자유'가 아닌,

'인정받고 싶은 욕망으로부터의 자유'에 도달하는 것이 중요하다.

인정받고 싶은 욕망이 나를 휘두르지 않을 때, 나는 진짜로 자유로워진다.

타인의 인정이 필요 없는 사람이 되자는 것이 아니다. 그보다는, 타인의 인정이 나의 존재 전체를 좌우하지 않게 하자는 것이다. 타인의 인정은 하나의 향기처럼 즐길 수 있어야지, 생존의 공기처럼 절박해서는 안 된다.

이제 '나 잘하고 있는 걸까?' 하고 더 스스로 물어보라. 자신을 더 믿어라. 타인에게 너무 묻지 마라. 그건 눈치보는 것과 가깝다. 거울을 봐라. 과거의 나와 비교하는 것을 추천한다. 내가 매 책마다 이야기한다. 가는 곳 마다 스스로 주인이 되고, 머무는 곳 마다 스스로 진실이 되라고. 너만의 속도로 산을 올라가고, 너의 산을 스스로 정의해라.

나 사랑하는 사람과 싸웠어.

너 근데 왜 사랑하는 사람을 이기려고 했어?
그 사람이 지면 넌 좋니?
아, 이제 더 이상 사랑하지 않아?
그 사람의 다름을 인정하지 않고
그 사람의 옳고 그름을 판단하고
그 사람의 자유를 빼앗았구나.

<두려움> 얻을 것이 없다는 자유

금강경에 이런 말이 있다.

'얻을 것이 없으므로, 두려움도 없다.'

우리는 늘 뭔가를 얻기 위해 움직인다. 성공, 사랑, 인정, 돈. 스스로 자문해보자. 정말 내가 무언가를 한다고 해서, 그 모든 것이 진짜로 '얻어지는' 것인가? 성공은 달성하면 사라지고 다음 성공이 있어야 하며, 사랑은 소유하면 두근거림은 점점 약해진다. 돈은 뭐 월급이 통장을 스쳐 지나가지 않은가? 그 돈으로 산 옷, 귀걸이, 소고기, 자동차 다 계속 내 것인가? 10년전, 20년전, 어제, 지난 세월동안 나에게 계속 남아있는 것은 무엇인가? 죽을 때 무엇을 들고 갈수 있는가?

깨달은 자는 무언가를 할 때, 거기서 굳이 얻고자 하지 않기 때문에, 그리고 덕 좀 보자는 집착을 내려놓기 때문에, 잃는다는 개념도 없다. 무언가를 더 덕 보자고 하는 것은 결국 허상, 괴로울 욕심을 더 얻을 뿐이다.

그 마음은 곧 미래와 결과를 기대하며 사는 마음, 미래에 내가 그리는 상을 짓는 마음이고, 그렇게 되면 나는 지금, 그 상에 종속된다. 그것에 이끌려 목맨다. 못 얻게 되는 실망을 피하려 한다. 또는 실망을 하게 된다. 그리하여 이 순간을 괴로움 없이 살아갈 수 없게 된다.

두려움은 언제 생기는가?

무언가를 잃을까 봐 생긴다. (내가 들였던 시간과 노력 그리고 돈으로 교환된 것, 집착하고 있는 것들)

무언가를 얻지 못할까 봐 생긴다. (갖고 싶었던 것. 성취하려는 것, 내 간절한 기도의 약발.)

두려움은 결국 '무언가를 얻지 못하고 오히려 잃을까 하며 불안할 때' 생긴다.

뭔가를 얻을 거라는 기대를 내려 놓는 것. 그건 무기력이나 포기의 상태가 아니다. 노력 부족의 시초가 아니다.

'얻을 것이 없다'는 건 모든 소유와 집착에서 벗어난 상태다. 그리고 두려움, 불안, 의심으로부터의 해방이다.

자유로운 마음이다.

상대에게 얻고자 하는 집착을 걸어버리면, 그것을 얻지 못할 때 그가 싫어진다.

욕망은 나를 미래로 끌고 가지만, 나는 지금, 이 순간에만 살 수 있는 존재다.

모든 불안은 아직 오지 않은 걱정되는 미래에서 오고, 모든 고통은 자꾸 스스로 떠올리는 과거에서 온다.

집착 없는 마음은 가볍고, 두려움 없는 삶은 자유롭다.

기대하지 마라.
그러면 두려움이 사라진다.
두려움이 사라지면,
괴로움 없이 실행할 수 있다.

이건 건강하게 욕망하는 방법의 연장선.

—--------------------

졸려도 안자는 것. 인간.
하기 싫은 일을 하는 것. 인간.
배불러도 먹는 것. 인간.

자고 싶으면 자는 것. 고양이.
피어야 할 때 피고, 져야할 때 지는 것. 꽃.
배부르면 먹지 않는 것. 사자.

—--

<반응> 그랬다치지 뭐

주차한 차에 무언가를 가지러 가는데 마침 지나가던 행인이 담배꽁초를 튕겨 내 차에 맞게 되었다. 맞은 부분은 약

간 검게 그을리고 재가 묻어 있었다. 나는 아저씨에게 차에 담배가 튕긴 것이 맞았다고… 뭐하는 짓이냐고 윽박지르니 일부러 그런 게 아니라고 했다. 죄송하단 말도 안하냐고 소리를 지르다가 주먹질이 오가고 경찰서에 다녀왔다. (예시다.)

희안하다. 내가 좀더 늦게 차에 도착했다면, 그래서 그 아저씨의 담배꽁초 튕기기를 보지 않았다면 경찰서까지 가지 않았을 걸. 그랬다면 나중에 일주일쯤 뒤 '응? 왜 여기 검은 게 묻었지?' 하며 슥슥 닦거나, 세차할 때가 되어 자동세차 했다면 알지도 못했을 텐데. 어찌되었든 그 아저씨의 행위가 내 눈에 띄니까 내 마음속에 분노를 일으켜 그 사람의 옳지 못한 행위를 따지고 사과와 보상받아야 한다고 생각된 것이다. 견물생심. 그러니까 외부의 자극 - 자동차의 그을림, 아저씨의 반응 다 똑같은데 내가 인식했느냐, 인식 후 어떤 감정을 불러내는 것을 선택 했느냐의 차이다.

그래서 개인의 '사소한 인생사의 부분'에서 '못 봤다 치지 뭐.' 하는 '내 정신건강을 위한 받아들임' 권법은 전혀 뜬

금없는 헛된 합리화라고만 할 수 없다. 행복을 극대로 증가시키는 것은 아니지만, 이러한 사고방식으로 인생의 수많은 괴로움을 줄일 수 있다. 그렇지 않은 사람보다 더. 우리는 그 사람의 사과 받는 일, 자동차의 그을림보다 더 중요한 것에 시간을 써야 한다. 조금이라도 인생의 불행을 지혜롭게 덜어내야 한다. 그렇지 않으면 결국 나를 참지 못해서 안 좋은 일에 시간을 쓰고 기분 조지고 빡치는 것이다. 그러니까 2개나 마이너스다. (-1시간-1감정소모) 경찰서 갈시간에 나는 집에서 맥주에 넷플릭스 보고 쉴 수도 있었는데. (+1맥주+1넷플릭스)

또 아래의 관점에서 이 사건을 좀 더 보자.

1. 내가 소유하고 있던 무언 가(차)에 흠집이 나고 문제가 생기니 관리하려는 집착이 일어났다. 그 뿐만 아니다. 내 차, 내 집, 내 가방, 내 폰, 그리고 내 가족 내 모든 것이 많을수록 신경 쓸 일이 많아진다. 집착이 많아진다. 책임질 것이 많아진다. 소유가 많을 수록 집착은 많아지고, 내가 가치가 높다고 생각하는 무언 가(금반지, 비싼 옷) 일수록 집착이 강렬해진다.

2. 세상 사람들은 말한다. 아니 그럼 차가 불이 나도 그것을 뭐 '내 차 아니라고 치지 뭐' 이런 식으로 생각하면 됩니까? 라고 반문할 수 있다. 당연히 아니다. 잡아서 보상 받아야 한다. 내가 하고 싶은 말은 '사소한 것'에 너무 많은 인생의 시간과 에너지를 쓰면 하루가 괴로움이 쌓이고 그것이 모여 인생 전체가 괴롭다는 말이다.

3. '~했다 치지 뭐' 사고방식은 굉장히 정신 건강에 좋다. 여행을 갔는데 택시비를 사기당했다. 3배나 더 준 것이다. 그래서 15000원. 어쩔 수 없이 기부도 잘 안 하는 삶인데, 기부했다고 치지 뭐. 오늘 그 가족들이 맛있는 것 사 먹었으면 좋겠네. 하고 빨리 중요한 황금빛 석양을 보며 저녁 해산물 파티를 100% 몰입하여 즐겨야 하는 것이다.

4. 담배 튕기기를 본 것은 '자극'이다. 나는 그때 화내는 것으로 '반응' 했다. 반응을 나는 여러가지를 선택할 수 있었는데 감정 또는 습관 때문에 안 좋은 방향으로 선택했다. 차의 그을림은 뒷전이고 그 아저씨를 족쳐야 한다는 마음으로 바뀐 것이다. 그의 행동과 말투가 내 마음에

들지 않았기 때문이다. 나는 화를 내지 않고도 잘 따질 수 있었다. 또 그냥 피해 보상 청구나 경찰을 불렀을 수도 있다. 내 안의 화를 내가 일으켰다. 왜 일으켰을까? 내 차가 손상당해서? 그 사람이 사과를 제대로 하지 않아서? 또… 세상은 내 마음대로 되는 게 잘 없다. 타인도 내 마음대로 할 수가 없다. 그래서 그 사실을 자꾸 깨우쳐야 한다. 알아차려야 한다.

그 아저씨가 나보다 훨씬 우람한 체격이면 어땠을까?
그 사람이 외국인이였으면 어땠을까?
그 사람이 청소년이면 어땠을까?
그 아저씨가 키는 작았지만 문신에 눈에 살기가 가득한 사람이면 어땠을까?

내가 맞짱 떠서 이길수 있는 사람이라 화를 냈나?

다음에 이런 일이 또 일어나면 나는 여전히 화를 내어 상대를 조지려 할 것인가? 인생에서 계속? 마이너스가 축적되는 삶? (-2-2-2-2-2-2-2-2-2-2-2-2-2-2-2-2-2-2-2-2-2…)

——--------------------------------

저기 저 깃발이 흔들리는 것입니까
아니면 저 바람이 흔들리는 것입니까?

바람도 아니고 깃발도 아니다.
그대들의 마음이 흔들리고 있다.

-        혜능 일화

—------------

<집착> 견인되면 더 빡세게 놀아야 해.

친구 Koo씨와 후쿠오카 여행을 가기로 했다. 김해 공항에 차를 대면 주차비가 많이 나올 것 같아 길가에 대고 택시를 짧게 타서 공항으로 갈 생각이었다. 초등학교 주위였는데 차들이 많이 주차되어 있어서 나도 적절한 곳에

주차하고 비행기를 탔다. 일본 도착 후 첫날 신나게 술을 마시고 있는데 문자가 왔다. 차를 빼달라고. 거기 다른 차들도 다 대여져 있는데, 거기 대면 안되는 거냐고 했는데… 안된단다. 그래서 일단 알겠습니다. 하고 다시 놀았다. 또 문자가 오더니 견인을 하겠단다. 방법이 없다고 했다. 결국 차는 견인되었다. 아, 4일은 더 지나야 여행이 끝나는데, 견인된 곳에서의 보관비 등 돈 물어줄 생각이 나를 잠시 괴롭혔다. 지금 할 수 있는 게 없다. 그깟 잘못 주차한 차 때문에 한국에 돌아가 여행을 망칠 수 없다.

따라서 나의 결론은 다음과 같았다. '더욱 더 조빠지게 논다' 그래서 우리는 새벽 3시까지 술을 매일 마시고 아침에 개일찍 일어나서 돌아다니는, 생생하게 살아있는 생지랄을 하며 무리하게 여행을 했다. 물론 너무 체력에 신경쓰지 않고 놀아제껴 몸살이 났다. 돌아와서 견인된 차를 찾으러 갔다. 과연 결과는? … 내가 예상한 금액보다 훨씬 적게 나왔다. 아주 기분 좋게 돈을 내고 차를 다시 몰고 집으로 돌아왔다. 그 견인된 그 차에 대한 후회와 집착을 계속 했다면 나는 여행에 중간 중간 떠올리며 계속 망쳤을 지 모른다. 그러나 나는 더더욱 열심히 놀기로 하고 집중하여 몰입하고 놀았다. 차는 생각조차 안 났다. 그 일본 여행은 그래서 좋은 추억으로 남았다. 아사히 맥주 공장 투어도 가고 재밌었다.

인생도 이와 같지 않나. 무언가가 괴롭히고 집착을 만들게 하면, 이 인생 여행을 더욱 더 찐하고 재미있게 무리해서 놀아야 한다. 그 무언가 좋지 않은 것이 아예 생각나지 않도록.

- 기분 나쁜 일이 일어났는데, 해결할 필요가 없다면 빨리 재미있게 놀아야 한다.

- '~했다 치지 뭐' 기술 사용.

- 그 기술 장착으로 인한 인생의 마이너스 선택을 시전하지 않을 때마다 뿌듯.

- 그래도 주차는 주차장에. 특히 중장거리.

고민이 계속 나타나서 참 싫지?
근데 고민이 없으면 나아갈 수 없어.
또, 고민해야 할 것을 고민하지 않으면 문제가 커지지.
잘 인식할 정도로 잘 살고 있다는 거야.

<공> 나는 내가 아니다.

나무를 본다. 열매를 본다.
낙엽을 본다. 나무가 썩는 것을 본다.

나무가 썩어 흩어진다. 잘게 흙과 섞인다.
민들레 꽃씨가 날아와 흙 위에 앉는다. 싹을 틔운다.

민들레는 썩어 그 다음해에는 산수유 양분되고
산수유는 까치의 몸의 영양분이 된다.
까치는 날아가 어딘가에서 죽고 개미가 먹는다.

모든 게 그냥 순환의 일부였다.
잠시 이 거대한 흐름에서 형태를 잠시 갖추다 흩어진다.
인연 따라 모였다가, 인연 따라 흩어진다.
생겨난 것도 없고 사라지는 것도 없다.

사람도 마찬가지다.
나라는 존재는
어제 먹은 바나나, 1876일전에 먹은 물,
이순신 장군의 날숨, 나비의 왼쪽 날개,
삼엽충과 쥐똥 등으로 이루어졌다.

나의 실체란 곧 각각의 히스토리가 있는 원자들의 모음이다.

하물며 그런 생명의 분진으로 만들어진 나는 실체가 있는 걸까?

내 마음의 감정, 욕심은 형체도 없이 얼마나 더 허무한 것인가.

나무가 나무가 아닌줄 알고,
마음도 변할 것을 알고 그것이 실체가 없음을 안다면
부처를 보게 될 것이다.

싸우고, 사랑하고, 먹고, 부자와 거지, 도둑질, 여행
모든 것이 다만 일어났다가 사라진다.
꿈과 같다.

꿈에서는 모든 것이 다 이루어지고, 감사한 마음
죽고, 쾌락, 슬퍼지고, 촉감이 느껴지고 하나,
꿈을 깨면 모든 것이 실체가 없다는 것을 안다.

꿈을 깬 상태로 살면,
다른 사람들을 깨워야 할지니.

―---------------------------

인생이 원래 개쌉고통이었다는 사실을 알게 되자

기뻤다.

―-----------------------------------

<사랑> 2

바디우. 그는 사랑은 2라 했다. 내 생각엔 1이다가 2다.

그게 뭔 뜻인고 하니, 두 사람이 사랑을 하면 처음엔 하나로 자꾸 합쳐지려다가 나중엔 계속 둘로 유지되어야 한다는 것이다. 두 사람은 처음엔 하나가 되려 한다. 콩깍지에 씌여 함께 배려해주고, 한 마음으로 이해해 주고, 침대 위에서 한 몸이 되고 해서 1이다. 그러나 하나가 점점 중용을 잃고 양쪽으로 갈라져 한 쪽을 짝사랑하거나 둘 다 서로 미워하거나 각각 지배, 복종, 대립 관계에 놓여지게 된다. 콩깍지 이후 시즌 2의 사랑은 둘은 둘로 존재하며 남은 채로 사랑해야 한다. 그래야 건강한 사랑을 할 수 있다. 왜냐하면 서로가 각각의 습관, 좋아하는 것, 싫어하는 것, 서로 기대하는 것, 바뀔 수 없는 것 등 대부분 다르고 끊임없이 변화하기 때문이다. 이제 그 사실들이 명확하게 인식되고, 모니터링 되고, 존중해줘야 하는 시기가 도래했기 때문이다. 사랑의 열정은 빠지고 신뢰와 책임으로 변한다. 서로의 입장을 생각하면서 늘 대화해서 약간 남남처럼 조율점을 찾아야 하는 시점이다. 조율한다는 것은 하나가 된다기 보다 두 개의 바퀴가 균형 있게 가도록 하는 것이다. 바퀴가 하나가 되면 중심을 잃는다. 너무 코를 골면 따로 자는 것이다. 빨래 스타일이 마음에 안 들면 각자 빨래를 하는 것이다. 둘이 다름을 얼마나 인정하느냐에 따라 사랑이 원활하게 유지된다.

사랑은 1에서 2.

―――――――――――――――

행복도 내가 만드는 것이네
불행도 내가 만드는 것이네
진실로 그 행복과 불행
다른 사람이 만드는 것 아니네

-         정토회

―--------------

<놀이> 아, 나의 놀이는?

노동은 수단과 목적이 분리되고
놀이는 수단과 목적이 같다.

-         하위징아

내가 유럽 여행을 가기 위해(목적) 매일 건설현장에 노가

다를 간다. (수단)

내가 학비를 벌기 위해(목적) 빵집으로 아침 일찍 알바를 가야 한다. (수단)

내가 좋은 직장을 가기 위해(목적) 돈 잘 벌리는 공대를 가야 한다. (수단) …

노가다, 알바, 공대를 가는 것은 각각의 목표를 향한 수단이다.

그럴 때 우리는 재미있지 않고, 목표를 향해 노동하는 느낌이 든다.

노동. 거룩하다. 좋다. 노동 없이 어떻게 이 세상을 살아갈 수 있겠나.

그러나 재미없다. 그것이 문제인 것이다.

재미? 돈 버는 데 어떻게 재미가 있을 수 있어?

그냥 내 시간 내 몸뚱아리 굴리며 돈으로 맞바꾸는 거지.

그것이 흙수저인 우리 서민들이 먹고 사는 방법이지.

그렇게 30년 넘게 하면 정말 재미있는 것이라곤 술 먹고, 게임하고, 넷플릭스, 유튜브를 보는 것이다.

수동적인 삶이다.

물론 자발적 노예가 되는 경우도 있다. 필요하다.
부모님이 아프신데 수술비가 없다?
수술 비용을 위해 미친듯이 밤낮 일하고 쓰리잡으로 번다. 그래, 그러한 경우도 있지.

한편, 다음을 또 보자.

난 밥 먹는 게 좋다. 밥이 맛있기 때문이다.
(수단이면서 목적) = (보편적 욕구 충족)
보편적 욕구 충족은 놀이라고 보기 어렵다.
놀이는 뭔가 더 쓸데없고 잉여스러운 것이어야 한다.

난 종이접기를 한다. 종이접기가 좋기 때문이다.
(수단이면서 목적) = (주관적 행복 충족)
이것은 바로 놀이이다.

난 종이접기를 한다. 종이접기를 잘하면 우주공학과에 가서 돈을 많이 벌 수 있기 때문이다.
(우주공학과를 가기 위한 수단), (우주공학과를 가서 돈을 벌고 싶다는 목적)

이것은 놀이가 아니다.

놀이는 나와 그 놀이 행위 자체가 한 몸을 이루는 것 같은 몰입감을 준다.

축구를 좋아서 하면 내가 축구를 하는 것이 아니라, 내가 걍 축구가 되는 것이다. 물아일체.

그러나 건강을 위해 일주일에 한번 꼭 가야 한다고 결심해버리면 운동은 노동이 된다.

우리가 물아일체가 안되는 이유는 늘 수단과 목적이 분리된 일들을 하고 있고, 그 매개체에는 돈이 대부분 낀다는 거다.

그래서 수단과 목적이 많아질수록 30살이 넘어가면 인생이 점점 좆도 재미없어지는 거지. 지금 이 시간이 재미있어지려고 술을 먹는 것은 정말 병신적인 삶 그 자체다. 이건 뭐 화학물질을 바로 뇌에게 넣어 행복해져라! 라고 해버리는 거니까. 암울한 삶이지. 본질적으로 마약과 같지. 즉각적인 쾌락. 아 나만 그런가?

그래. 인정.

난 놀이를 잃었어. ㅅㅂ. ㅠㅠ

아니야. 난 술 자체를 좋아해. 놀이야.

그 맛. 그 위스키의 다양한 맛과 향.

닥쳐 이 알코올 중독 놈아.

―-------------------------------------

우리는 오직 물질적인 부를 위해 일함으로써 스스로 감옥을 짓는다. 우리는 타버린 재나 다름없는 돈으로 우리 자신을 고독하게 가둔다. 삶의 가치가 깃든 것이라고는 무엇 하나 살 수 없는 그 돈으로.

-       인간의 대지

그래 타버릴, 수단이 될, 재를 위해 살지 말고,

불이 되자.

―----------------

<욕망> 나는 무엇에 길들여져 있을까?

나는 컴퓨터와 폰에 길들여져 있다. 많은 시간을 함께 한다. 다 네모난 것이다. 동그란 것과 구멍, 나무와 감자, 오징어, 바위산, 캥거루 같은 것을 봐야 한다. 얼굴. 눈, 입술 같은 것을 봐야 한다. 꽃을 봐야 한다. 다양한 사람들의 웃는 모습을 봐야 한다.

나는 또 배고픔과 술에 길들여져 있다. 배고프면 먹어야 한다. 그러나 때로는 그냥 입으로 아무거나 넣으면서 배만 채우는 행위만 하기도 한다. 치킨과 삼겹살, 감자칩, 피자 뭐든 간에 술안주라고 마음대로 해석해버리고는 언제나 술을 찾는다. 파블로프의 충실한 개처럼 살고 있다.

나는 성공을 해야만 하는 것에 길들여져 있다. 돈에 길들여져 있다. 밑도 끝도 없이 막연하게 성공을 꿈꾼다. 돈을 벌려고 노력한다. 요즘은 미친듯이 까지는 아니지만. 내가 돈 벌려고 태어났나 할 정도로 일과 돈 되는 일에 전체

적 나의 삶이 맞추어져 있는 느낌을 받는다. 이건 미친 짓이야! 돈을 위해 타지역으로 이사하고, 돈을 위해 나의 건강을 잃고, 돈을 위해 사람을 가리고, 돈을 위해 울고 웃다니. 윽. 그래서 장자와 불교 철학을 읽는다. 난 조금씩 개화되어가고 있다.

나는 인간으로 태어났다면 행복해야만 한다는 것에 길들여져 있다. 행복으로 꼭 삶을 가득 채워야 한다는 강박. 그러나 인생 전체 모두 다 딱 행복만 누리다 간 사람은 없다. 괴로움의 상식을 깨닫지 못해 또 괴로워한다. 조금만 불행하고 슬프고 화가 나도 인생은 아주 고통이라고 나쁘다고 생각한다.

난 후회에 길들여져 있다. 무엇 하나 완벽한 선택이 없다는 것을 알지만 후회한다. 지난 가슴 아픈 순간들을 바보처럼 생각에서 꺼내어 상처를 헤집는다. 똑같은 실수를 반복하는 멍청이 그 자체다. 그러나 죽기 전엔 후회가 덜 했으면 좋겠다고 생각하고 원한다.

난 여행에 길들여져 있다. 집회사집회사의 고리를 매번 끊고 싶다. 그러나 돈 벌려면 어쩔 수 없다. 막걸리를 사

먹고 전기세도 내야하기 때문이다. 그래서 마치 군대에서 휴가를 가듯 여행을 가지만 늘 다시 군대로 복귀해야 하는 것 같은 가슴 아픔이 있는 것이다. 전역을 해야 한다. FIRE를 해야 한다. 난 FIRE를 달성하고 싶은 욕망에 길들여져 있다.

그래서 요즘 난 불교철학을 공부 비스무리하게 하고 있다. 종교의 색채는 빼고, 그냥 나의 마음을 위해.

타인을 이해하지 못하면
내 마음이 답답해진다.
'저 사람은 도대체 왜 급하게 가면서
나를 치고 지나가지?'

타인을 이해하면내
마음이 편해지고 좋아진다.
'아 화장실로 급히 가는구나,
그래 급하면 나도 그럴 수 있지'

<친구> 디스크 이야기

디스크란(disc)? 척추 뼈와 척추 뼈 사이에 충격을 완화해주는 젤리 같은 것.

친구 재뮈는 화장실에 가다가 갑자기 아무런 전조 증상 없이 얼척 없게 허리를 삐끗했다. 그래서 결국 겨우 침대로 복귀하여 누워서 안정을 취하다 머나먼 형광등 불을 결국 못 끈 채 눈을 가리고 암울하게 잠이 들었다. 아침이 되자 못 일어날 정도로 움직일 때 마다 아파서 구급차를 불렀다. 그는 구급차에 실려가면서 매우 수치스러움을 느꼈다고 한다. 집안은 지저분하고 머리가 떡지고 노총각의 느낌을 물씬 풍겼는데, 구급 대원 중 여자분이 1명 계셨단다. 그리고 아직 30대 후반인데 무슨 화장실에 가다가 별안간 허리가 망가지느냐고 스스로의 몸을 쫙 팔려 했다. 그는 자주 앉아있는 직업을 가진 사람이다. 몇달 전부터 조깅을 시작했단다. 2주마다 하루를 빡시게 뛰곤 하는데 그것 말고는 도저히 그 다친 원인을 알 수 없다고 생각한단다. 그리고 뛰는 도중도 아니고 갑자기 화장실을 가다가 갑자기.

병원에서 디스크가 좀 삐져 나왔다고 하면서 아팠을 것이라고 했다. 그래서 주사를 맞으면 괜찮아진다고 했다. 어쩔 수 없이 몇 십 만원짜리를 맞았다. 그 주사는 디스크를 약간 쪼그라들게 하는 신기한 약물이었단다. 세상 많이 좋아졌지. 수술해서 튀어나온 디스크를 망치로 잡아넣어야만 하는 줄 알았지. 어쨌든 그는 다 낫고도 계속 그 원인에 대해 생각했다고 한다. 너무 어이가 없어서.

친구 재뮈와 산책하는 길에 그 이야길 계속 했다. 내 생각을 말했다. 그 원인은 복합적일 거라고 했다. 나이가 있어서 이제 슬슬 그냥 몸이 고장 날수 있고, 가끔 빡세게 뛰는 조깅도 원인이 맞는 것 같다. 그리고 너의 상체 무게와 적은 근육, 평소 앉아있는 습관들이 모여 갑자기 디스크가 못 버티고 장렬하게 전사했을 거라고. 아마도 디스크는 상체를 열심히 버텨줬지만 필요한 영양소는 알코올(에반 윌리엄스 - 버번 위스키)밖에 공급을 못 받고, 주위에 도와줄 근육은 하나도 없고, 지방들은 그 깔려가는 디스크의 구조 요청을 무시했을 거라고 했다. 디스크는 죄가 없다고, 그는 끝까지 최선을 다했다고. 오히려 버텨준 그에게 고마워하며 도가니탕 같은 것을 먹어야 한다고. 또 그 디스크를 위한 시정조치는 코어 근육 같은 걸 만들고 뜀박질을 해야 한다고. 추후를 대비해.

근데 세상 디스크뿐이겠나 지랄 같은 것은 복합적으로 그 인연들이 모두 딱 맞아 갑자기 찾아오고, 사람도 어느 날 홀연히 죽는 것을. 그럼에도 불구하고 죽음의 확률 게임에서 좀더 오래 버티려면 자주 꾸준히 운동 해야 한다. 2주 마다 해가지고는 안된다. 난 1주에 한번씩 풋살을 한다. 내가 본 책마다 모든 인간의 잔병, 정신병, 심각한 병의 슈퍼 만병통치예방 궁극 솔루션은 전부 운동이다. 운동은 건강의 진리다. 건강하지 못한 신체는 짜증과 불행을 부른다. 자존감 낮아지고 머리도 잘 안 돌아가고 아프면 참 답답하다. 정신도 약해진다.

건강한 신체에 정말로 건강한 정신이 깃든다.

주위 사람들과의 관계에서
내가 옳다는 생각이 강하면
상대가 '틀려'보인다. (넌 틀렸어, 내가 옳아)
'다른 것'이라는 것을 깨닫지 못한다.
강하면 강할수록, 넌 틀렸어! 가 되는 것이다.
그러면 관계는 좋아지지 않는다.

관계를 망치고 싶은 사람은
자신이 옳다고 생각하는 것을 열렬히 드러내고
상대에게 나의 맞음을 강요하면 된다.

관계를 좋게 하고 싶은 사람은
자신이 옳다고 생각하는 것만큼
상대가 지 딴엔 옳다고 생각하는 것을 인정해줘라.

그리고 타협하고 안되면
그 부분은 그냥 독립적으로 운영하거나 그 문제로부터
떠나거나 제거하면 된다.

불필요하게 싸우지 말자. 사람을 잃어가게 만든다.

싸우지 않는 방법 같은 것을 학교에서 가르쳐야 한다.

―-----------------------------------

<자유> 밧줄 풀고 떠나기

유목민. 그들은 생존을 위해 떠난다. 행복하지 않으면 떠난다. 왜 우리는 행복하지 않은데도 떠나지 않는가? 아직 버틸만 한가보다. 진짜 죽을 만큼 괴로웠다면 떠났겠지. 다른 이승이든 저승이든. 그대는 삶의 주인처럼 살고 있는가? 돈 벌려고 온 마음과 온 정신으로 별짓 다하는 가? 다른 사람을 어떻게든 내 마음대로 해보려 집착하고 있지는 않은가? 그대가 진짜 인생에서 원하는 것은 뭔가? 왜 맨날 무료해 하는가? 왜 그 욕망에 그렇게 집착하나? 왜 그 전체적인 지속적인 고통에서 발을 떼지 못하는가?

추운 겨울이 와도 떠나지 못하는 삶. 당신은 짐이 많다. 진실로 죄다 쓸데없는 것들이다. 눈 깜짝하면 곧 늙어버릴 몸에 의미 없는 허물만 많다. 굵고 튼실한 밧줄이 이 나무 저 바위로부터 그대의 팔, 다리, 눈, 귀, 머리 안의 성공 욕망과 권태, 행복-허영심까지 많이도 옭아매고 있다. 그렇게 묶인 채로 매일 추위에 떨다가, 낮 햇빛에 잠깐 몸을 녹이며 웃는다. 하루 맥주 한잔 비우고는 다시 몇 년째 계속 고통스러워한다.

그대는 '버티는' 가? 왜? 무엇을 위해서? 삶의 대부분을 버티는 것으로 살려고 하는가? 몇 년을 버텼는데? 그것이 자랑할만 한가? 버티지 않았다면 얼마나 능동적이고 자발적으로 혼신의 힘을 다해 달려나가 보았나? 탱자탱자 하지는 않았나? 그 동안의 시간은 진실인 웃음으로 잘 지냈나? 솔직한 자신의 욕망 실현은? 진짜 내 결심에 남의 욕망이 스며들지는 않았나? 그래서 지금 그 결과물이 어떤가? 모든 삶이 온전한 진심의 말과 행동으로 쌓아져 왔나? 앞으로는? 어떻게 살건가?

그대 몸을 포박한 밧줄은 처음에 누군가가 서서히 손목과 발목을 묶기 시작했다.

근데 중요한 것은 당신은 그것을 보고도 못 본 체했다. 또는 묶이면서 아무 생각이 없었다. 피가 점점 안 통하다가 살을 파고들어 썩게 했다. 지금의 수많은 상처를 만들었고, 염증, 혼자서는 못하는 불안감, 용기없음, 눈치 겁나봄, 자존감 낮음과 피해의식, 자신감 없음으로 그대 스스로를 움직일 수 없게 속박하였다.

그러므로 아무런 이유를 두지 말고 스스로 밧줄을 잘라라. 스스로 이제 벗고 떠나라.

너는 어른이다. 밧줄을 녹여라. 혼자 다 할 수 있다. 혼자 저 푸른 정글에서 살 수 있다. 또, 너의 계절을 찾고 너의 과일을 찾아라. 끝까지 너가 쫓던 사슴이 숨이 넘칠 때까지 사냥해라. 불을 피워라. 밤에도 따뜻할 수 있는 꺼지지 않을 불을 스스로 찾아 피워라. 불은 다른 사람들도 좋아한다. 친구가 되어 함께 즐겨라.

영원한 곳으로 떠날 준비는 이미 갖춰져 있다.

심장과 뇌를 꺼내어 한 번 씻고 얼른 출발해라.

꽃을 피워라.

매일, 매월, 매년, 한번의 인생에.

———-------------------

내가 가진 성취보다 더 인정받고,
내가 가진 능력보다 더 칭찬받고,
사람들이 박수 쳐주는 곳으로
나도 모르게 계속 이어가고 있다면

혹시 말이야.

뭔가 잘못된 것일 수도 있지 않을까?

<마음> 내 마음에 들어라.

다른 사람들은 자신들의 본성대로 살고 있는데
그것이 내 마음에 들지 않아서 괴롭다

내 마음에 들게 말하고 행동했으면 좋겠는데
다들 왜 이리 날 답답하게 하는 줄 모르겠다.

내 마음에 들게 말하고 행동하면
그 사람은 좋은 사람이고 곁에 둔다.

내 마음에 들지 않게 말하고 행동하면그
사람은 나쁜 사람이고 배척한다.

괴롭고 즐거운 원인이
내 마음 안에 있는 것인가?
내 마음 밖에 있는 것인가?

한가지, 내가 괴로운 이유는
내가 어리석고,
착각하기 때문이다.

다른 것은 틀림이 아니다.

다른 것은 틀림이 아니다.

—-------------------

영원히 돌아오지 못할 이 현재를
당신은 아쉬워하며 울며 허무하다고 할 것인가?
아니면 웃으며 눈을 부릅뜨고 지금 지금을 뚜렷 또렷이
살텐가?

당신은
매일 우는 것을 선택할 수 있고
매일 웃는 것을 선택할 수 있다.

<관계> 양배추와 수제맥주

아내는 양배추가 먹고 싶긴 한데 썰어 먹기 귀찮다며 대충 씻고 큰 조각을 우물우물 하다가 드레싱을 병째 들고

조금 마셨다. 멍하니 이를 쳐다보던 남편은 썰어 놓은 양배추 위에 드레싱을 뿌려 먹어야지 무슨 짓이냐고 얘길 한다.

남편은 소맥을 좋아한다. 어느 날 맛 좋은 수제 맥주를 아내가 사왔다. 맥주 본연의 맛. 홉의 향, 걸쭉한 느낌까지 드는 굉장히 밸런스가 잘 잡힌 맥주라고 남편에게 설명했다. 남편도 맛이 좋다고 했지만 이내 약하다며 또 소주를 넣어 마셨다. 아내는 아 그러냐 라고 하면서 그 다음 번에 수제 맥주를 사오면서 섞으면 좀더 잘 어울리는 좋은 소주를 함께 사왔다.

자, 남편은 드레싱을 뿌려먹는 것에 대해 자신만의 상을 짓고 왜 그렇게 먹냐며 화를 낸다.

아내는 상을 짓지 않고 그냥 그 사람의 습관과 취향을 이해했다. 더 그가 좋아하는 방향으로 좋은 소주를 더 사주었다. 그 맛 좋은 수제 맥주를 온전히 느끼길 바랬을 수도 있지만 그것은 아내가 가진 상이다. 그것이 옳은 건가? 남편의 방식이 옳은 건가? 모두 옳다. 자기가 먹고 싶은 대로 먹으면 되며 남에게 피해를 끼치지 않으면 된다.

아내가 들이킨 드레싱병은 아내 전용으로 써야 할 것 같긴 하다. 어쨌든 그녀 보고 하나 더 사오라 하면 될 일이다. 먹는 방법이 다를 뿐이다. 누가 맞냐 틀리냐로 갈 필요가 없다.

그러나 함께 사는 곳인데 서로 피해를 심하게 끼치는 일이 있다면 둘이 대화를 해야 한다.

습관이 서로 너무 달라서 같이 살게 된 것이기 때문에 모든 것에 마찰이 일어난다. 그래서 사랑으로 커버가 되며 결혼을 한 것이다. 콩깍지가 씌인채로 아직 결혼하는 사람은 없겠지?

―――――――――――――――――――

제 마음이 편하지 않습니다.
스승께서 제 마음을 편하게 해주십시오.

마음을 가져오면,
마음을 편하게 해주마.

마음을 찾으려고 했으나,

도저히 찾을 수가 없습니다.

난 너의 마음을 이미 편하게 해주었다.

-         무문관

당신이 느낀 바와 해석은?

—---------------------

<사랑> 자유를 주는 것은 사랑을 주는 것.

아기 사슴을 만나서 너무 사랑스러운 나머지 집에서 키운다. 내가 좋아하는 돼지고기와 위스키를 사슴에게 준다. 사슴은 당황하며 먹지 않는다. 사슴은 죽고 만다. 내 방식으로 최선을 다했지만 사슴은 나와 다르니까.

나만의 방식으로 타인을 대하면 그는 서서히 죽어버릴 것이다.

나만의 방식이란 것은 무의식적으로 나온다.

사람에게 하듯, 고양이 입에 뽀뽀를 하는 것이다.

고양이는 짜증을 낸다. 고양이는 엉덩이를 쳐주는 것을 좋아한다.

내가 너를 껴안으면 나는 너가 좋아할 것이라고 생각했는데 너는 싫어 했다. 너는 스킨십을 싫어하는 사람인 것이다. 그래도 나는 너가 무엇을 원하는 지 알려고 했다. 너에게 기쁨을 주려고 했다. 내가 기쁨을 주면 너는 내 곁에 남을 테니까.

어느새 너는 내 옆에 남아 있게 되었다. 그러나 나는 이제 점점 너가 원하는 것에 관심이 없어졌다. 내가 원하는 것을 너가 좀 알아 달라고 요구하고 있었다.

너는 내 것이 된 것 같았다. 난 더 이상 너가 좋아하는 것을 궁금해하지 않는다. 궁금해할 필요가 없는 것이다.

내가 옳다고 생각하는 모든 것이 너에게 맞지 않게 된다. 내가 옳다고 생각하는 것을 너에게 행동하고 강요하고 있다.

난 멍청해지고 있는 것이다.
난 변한 것이다.
너는 마음속으로 조금씩 울게 된다.

널 사랑하니까 너가 사랑받는다는 것을 느끼게 해주려면 나는 너에게 자유를 줘야 한다. 새는 새장 밖에 키우라고 모든 서적과 매체가 몇 십년동안 떠들었는데. 왜 인지 나는 너를 점점 가두고 있었다.
그래.
자유로움을 받은 사람은 사랑을 함께 받는 것이다.
너에게 자유를 주면서도 우리 둘은 사랑할 수 있었다.

내가 옳다는 방식으로 너와 연애하거나 함께 살게 되면 사슴을 또 매일마다 죽이는 꼴이 된다.
너에게 묻는다. 너는 어떻게 하고싶어?
오늘 뭐 먹고 싶어?

다시 내 자유를 줘야 한다.
정말로 내가 너를 다시 사랑한다면.

―――――――――――――――――

백미러만보고 운전하면 사고 난다.
인생운전 말야.

가끔만 보고.
앞에 집중해.

―――――――――――――――――

<소설> 곧게 뻗은 소나무

나는 소나무 '주생'이다. 근데 나는 키가 크지 않고 가지들도 작으며 구불구불하다. 소나무 친구들이 말했다. 넌 키도 더 커야 하고 곧게 위로 뻗어야 좋은 목재로 팔려 나갈 수 있다고. 정신 차리고 뿌리로 열심히 양분을 좀 빨아제끼라고, 너처럼 구불구불하고 작으면 쓸모없고 멋진 삶이 아니니, 햇빛도 더 많이 쬐라고 했다.

반면 곧고 잘 뻗은 우람한 소나무 친구 '남생'은 우리 소나무 군락 주위에서 여러 소나무들에게 칭찬을 많이 받은 친구다. 게다가 인간들도 오며 가며 '야 이 나무는 참 좋네' 라고 칭찬을 해주었다. 그 사람들은 남생에게 물도 더 주고 영양제도 줬다. 그 친구는 그렇게 이 숲에서 가장 두껍고 곧고 아름답게 자라났다. 그와 비교하면 나는 나의 모양이 원망스러웠다. 어느 날 남생은 밑 둥만 남고 몸 통째 잘려져 어디론가 갔다. 소문을 들으니 그는 더 잘게 잘려져서 네모난 무언가로 만들어져 인간들이 사는 곳으로 비싸게 팔려 나갔다고 했다. 그 멋진 소나무 친구 '남생'을 자라게 한 그의 엄마 나무 '욕생'은 그 날 많은 잎이 시들어 버렸다. 나는 그날 밤, 달을 보며 생각했다. '남생'은 잘리는 순간 행복했을까? 인간들이 좋아하면 그도 좋았을까? 멋지게 쓰임 받는다고 좋아하며 죽었을까? 왜인지 나는 남생이 부럽지 않았다. 그냥 괴롭거나 즐거움 없이 조용히 사는 나의 인생도 좋았다. 적어도 잘리지는 않으니까.

몇 해가 지나자 내 옆옆에 소나무 '타생'이 자라났다.

그는 우리와 함께 말하려 하지 않고 자꾸 옆 동네 나무들을 항상 지켜보는 것처럼 느껴졌다. 점점 그는 소나무인데도 잎이 뾰족하지 않고 잎을 자꾸 넓혀 가는 것 같았다. 또 색도 점점 옅어져 가을이 되니 노란색을 띄고 있었다. 소나무 사이에서는 그가 아무래도 옆 군락 은행나무를 닮으려고 한다는 소문이 돌았다. 너는 소나무인데 왜 자꾸 은행나무를 닮아가니? 라고 묻자, 너희들처럼 잎이 삐죽하면 안돼, 가난해 보여. 저 은행나무가 훨씬 더 풍성하잖아. 색도 노란색이야. 얼마나 예쁘니. 라고 했다. 일리가 있었다. 근데 겨울이 되니 타생은 잎이 모두 떨어져 버렸다. 그리고는 감기에 걸려 시름시름 앓더니 갑자기 벌레들이 파먹어 쓰러졌다.

지금 너의 30대가 슬픈 이유는
20대를 후회하고
40대를 두려워하기 때문이다.

지금 너의 40대가 슬픈 이유는
30대를 후회하고
50대를 두려워하기 때문이다.

지금 너의 50대가 슬픈 이유는…
지금 지금 지금.

지금 너의 30대가 기쁜 이유는
20대를 깨끗이 잊기 때문이다.

지금 너의 40대가 기쁜 이유는
30대를 깨끗이 잊기 때문이다.

—--------------

<소유> 나의 확장

만다라 만들기 라는 의식이 있다. 티베트에서 승려(라마)들이 천연염료로 색을 낸 모래로 정교하고 아름다운 만다

라(우주의 상징)를 몇 주 몇 달 동안 수천 수만 번 모래알을 떨어뜨리며 모래그림을 그린다. 영상으로만 잠깐 봐도 엄청난 장인 정신과 집중력, 높은 예술의 경지를 볼 수 있다. 그런데 작품이 완성되면 어떻게 하냐? 완성된 그 순간에 그것을 모두 뒤엎어 무너뜨려버린다. 우리가 아무리 아름답고 완벽하게 쌓아 올린 것이라도 모든 건 언젠가 사라지고 변한다는 걸 깨닫고, 그 집착에서 자유로워지는 것이 중요하다는 것이다.

누군가 내 어깨를 치고 간다면 기분이 나쁘다. 내 몸은 내 것이기 때문이다. 내 것의 확장을 생각해보자. 내 립스틱을 누군가 내 허락도 맡지 않고 바르고 있다면 기분이 나쁘다. 립스틱은 내가 확장된 내 꺼니까. 누군가 내 집의 유리창을 깨면 화난다. 유리창은 내가 확장된 내 꺼니까. 이와 같이 점점 확장하면 다른 나라로 여행 다닐 때 확장된 '한국인 나'가 된다. 다른 나라 사람이 한국은 논밭만 있는 가난한 나라 아니야? 라고 말하면 그의 잘못을 바로 잡아 주려 한다. 한국은 나의 일부처럼 느껴지기 때문이다.

나는 아픔을 견디지 못하는 소인이기 때문에, 확장될 수록 괴롭다. 지켜야 할 게 많아지기 때문이다. 내 것이 침범 받는 것처럼 느껴지기 때문이다. 반면 성인(聖人)은 확장의 범위가 넓어, 만물 모두가 구제해야 할 중생, 구원해야 할 자식들처럼 느껴지고 모두를 품을 마음이 넓다.

나의 소유가 된 것 들은 대부분 돈을 주어서 산 것이다. 내 차, 내 땅. 5년 탄 내 비싼 자전거, 내가 3년 동안 음악 만들어서 쌓아놓은 내 조그만 회사의 평판, 내가 소유한 모든 것이 손상되면 마음이 아픈 것이다. 그것들도 나의 확장이다.

길가다가 바위가 마음에 들어서 토끼바위 라고 이름 지었다. 다음 해에 가보니 그 바위가 굴러 떨어져서 박살이 났다 해도 놀랍긴 하지만 나는 그리 슬프지 않을 수 있다. 바위엔 무슨 특별한 내 노력이 들어가지 않았기 때문이다. 내 주차된 차가 박살이 났을 때보다 마음이 찢어지지 않는다. 내 자동차와 저 바위는 무엇이 차이 날까? 내가 얼마만큼 내 것으로 여기며 집착하냐에 달렸다. 내 것이 되기 위하여 자동차는 나의 돈과 시간, 경험 등 많은 가치와 맞바꾼 것이라고 생각한다. 또 내가 대학에 거의 붙을 것 같았는데 떨어지면 기분이 나쁘다. 나 정도면 될 줄 알았거든. 근데 안되니 그만큼 괴롭다. 내가 집착으로 만든 내가 만든 그 상과 현실과의 괴리만큼 괴롭다.

고통은 나의 확장, 그리고 그것을 모두 지켜야 한다는 강박에서 온다. 영토가 넓어질 수록 많은 군대와 체계가 필요하고 시간과 노력, 곳곳의 잡음, 반란을 관리해야 한다. 매일 피곤한 일이다.

그러므로 괴로움을 줄이고 소유로부터의 자유로우려면 장자처럼 구름을 이불 삼고, 달빛을 수면등으로 삼는 것에 있다. 소유를 적게 함. 아니면 소유하되 내 것이라는 집착을 안 하면… 어렵고 적게 하면 된다. 그냥 내 감자칩을 꼬마 아이가 묻지 않고 먹어도 좋듯. 자기중심적 소유가 아닌, 함께 존재하는 것.

나는 확장하되, 물질적 정신적 소유의 집착은 축소를 해라. 그러면 편해진다. 미니멀리즘의 자유로움을 깨우쳐라. 축소한다고 해서 나의 존재의 본질이 흐려지지 않는다. 오히려 나는 풍성해진다. 소유를 적게 할 수록 집착이 없어진다. 그러면 묶여 있는 것 없이 자유롭게 노닐 수 있고 시간이 더 생겨난다.

모든 것은 영원하지 않다. 나의 집, 나의 재산, 나의 자식들과 부모들, 모든 인간관계… 물론 내가 일부러 만트라처럼 무너뜨리지는 않겠지만. 집착은 무너뜨려!

―---------------------------------

자본주의를 추종하지 않아도 되는데,
자본주의에서 낙오자가 되지는 말자.
실력을 키우고 돈을 벌자.
시도도 하고 돈을 벌자.
실력 키우기와 시도를 안 하는 사람들이 많아지고 있다.

나도!

―------------------

<꿈> 결핍으로 시작하여 탐험을 하자.

결핍이 발전을 일으킨다. 풍족에서는 발전할 필요성을 잘 못 느낀다. 풍족해지고 일이 쉬워져서 지겨워진다면 제2의 인생을 시작해보라. 다시 태어나지 않지만 정확히 새로운 삶을 사는 것이다. 새로운 것을 배우고 그 초보가 되어라. 너는 또 이룩할 것이다. 성취하지 못해도 재미있는 것을 하라. 재미. 그렇다. 재미있는 것. 흥미로운 것. 그것을 하지 않는다면 도대체 무엇을 하며 인생을 보내겠다는 말인가? 너는 알고 있다. 그러나 장애물이 있다. 장애물을 하나씩 넘어서라. 핑계를 대는 것은 그 만큼 하고 싶지 않다는 것이다. 용기가 없고, 집착이 많기 때문이다. 먹고 싶은 것은 비싸도 줄서서도 먹지 않은가? 그 의지의 메커니즘을 이해해야만 한다. 내 문제의 정답을 타인에게 묻지 마라. 스스로 고민해라. 자기 자신의 안온함과 개척 욕망과의 저울질이다. 제 3자가 끼어들 아무 이유가 없다. 그 고민은 너무 좋은 것이다. 숲을 이리저리 둘러보며 너가 좋아하는 열매의 나무를 찾는 것과 같다. 다른 사람은

사과 나무를 알려주지만 너는 바나나 나무를 찾고 있을 수 있다. 물론 바나나를 너가 정말 좋아하는지 확신이 안 설수도 있다. 그렇다면 주위에 파인애플과 고구마 맛을 한번 봐라. 키위를 먹은 사람에게 세미나를 들어봐라. 원하는 것을 잡으려 재미있게 여행하라. 사실 모든 과일이 대부분 맛이 있다. 여러 개를 조금만 먹어도 좋다. 너가 살아있는 동안은 너가 원하는 것을 하면 된다. 그것이 왜 그토록 어렵다고 스스로를 가둘까?

—---------------

사랑에 빠지면
내가 바뀐다.

—----------------

<공> 청춘일 때는 왜 청춘인 줄 모르는가?

모든 것은 일어나고 피어난다. 그리고 모두 사라진다. 감정도, 물건도, 사람도, 자연도, 생각도… 이 단순한 진실을 우리는 종종 잊고 살아간다. 사람의 인생도 정말 짧다. 지금 돌아보면 지난 10년이 순식간이었지 않나. 그 빠른 10년이 딱 몇 번만 지나면, 와 ㅅㅂ. 우리는 어느새 노인이 되어 있다. 눈 깜짝할 사이에 청춘이 지나간다. 그래서 우리는 청춘일 때 청춘임을 잘 모른다. 중년일 때도 여전히 최고의 날들이었다는 것을 그때는 모르고 노인이 되었을 때야 알게 된다.

우리는 여전히, 그리고 어제의 다툼과 즐거웠던 시절들이 아득한 기억 속에 점점 흐려짐을 느낀다. 술을 즐겨서 기억력이 나빠진 나처럼이 아니라도, 모든 삶과 그 기억은 그렇게 아무리 붙잡으려 해도 손가락 사이로 빠져나가는 모래와 같다.

지난 날들을 생각해보라. 20년전 내가 가지고 있던 것들이 다 어디 갔나? 그 지나간 20년은 엄청나게 빠르다. 지금 가지고 있는 것도 곧 내 손을 떠나고 내 머릿속에서 서서히 잊혀 질 것이다. 무엇 하나 내 것이라는 게, 실체라는 게 없을 정도로 빠르게 사라진다. 방금 만났던 친구도 집에 가면 지금은 내 앞에 존재하지 않는 것이다. 지금도 그 사실을 깨닫지 못하면 눈 앞에 펼쳐진 세계를 '영원불멸의 진짜'라고 생각한다. 그러나 그 진짜라는 것도 결국 비완전한 나의 눈 감각기관을 통해 오류 투성이인 뇌가 인식한 것일 뿐이다.

난 가끔 너무 소중한 시간에 이런 쓸데없는 상상을 한다. 어떤 상상이냐면 내 앞에 함께 밥 먹는 엄마가 갑자기 연기처럼 휙 사라지는 것이다. 언젠가 우리 모두가 여기서 다 사라질 거니까. 그 시간이 정말 갈수록 짧아지니까.

그래서 얼마나 이 순간이 소중해.

책상도 자동차도 사람도 결국 세월이 조금만 지나가면, 인연이 다하면 사라진다. 허상이 될 뿐이다. 여름의 아이스크림처럼 잠시 존재하는 것뿐이니까. 우리 머릿속 '생각과 감정'은 허상 중에 허상이라 더할 나위가 없는데,

그것에 우리는 사로잡히고, 집착하여 묶인다. 매일 매일 그러면 마치 생생한 꿈 꾸는 것처럼 삶을 살아가게 된다. 실제의 삶 같지만, 사실은 복잡하고 난해한 꿈 속이다. 그 생각의 집착들에서 벗어나야 한다. 꿈 속에서 깨어나야 한다. 꿈에서 깨면 그토록 무겁고 복잡했던 문제들이 아무 일도 아닌 것이 된다. 꿈속에서 괴로움을 없앤다기 보다, 그냥 꿈에서 깨어나는 것이 가장 깔끔한 것이다.

진실은 이렇다. 본래 괴로울 일이 없었다. 괴로움이 존재한다고 믿는 순간 우리는 그 감정에 끌려 다닌다. 하지만 괴로움이 생겨났다면, 그 원인을 찾아보라. 그 원인이 사라지면, 괴로움도 같이 사라진다. 괴로움은 고정된 실체가 아니라, 조건에 따라 일어났다가 사라지는 그림자 같은 것이다. 바람 같고, 날씨 같은 것이다. 그 원인은 마음이고, 마음은 꿈과 같다. 그리고 이 꿈에서 깨어나는 것은 가능하다. 누구든, 어떤 상태에 있든, 깨어날 수 있다. 진짜 삶이란 그렇게 명확하고 단순하다. 문제는 '눈 앞의 현실'이 아니라, 현실을 바라보는 나의 '믿음'이다. 믿음을 바꾸면 세상이 바뀐다. 생각에서 한 발 물러나 그 흐름을 지켜보는 것. 알아차리는 것.

나쁜 것은 허무하게 생각하고,
좋은 것은 이 순간에 진심으로 즐길 것.

와 이건 진짜 인생 꿀팁인디.

교육의 이상적인 모습;

스승이 제자에게

저기 저 꽃에서 도를 찾아라 라고 한다면

제자는 계속 꽃을 보며 뒤적거리는 것이 아니라,

이제, 꽃을 꺾고 스승을 떠나야 한다.

\<사업\> 사업 함 해보슈

월급 받는 삶은 정해진 길을 걷는 일과 비슷하다. 발표도 하고 출장도 가고, 승진 노력도 하고 다양화를 많이 하며 힘들다고 하소연하겠지만 미미하다. 어쨌든 이미 닦여 있는 길을 가는 것이다. 그 길을 감에 내가 100%책임지지 않아도 된다. 속도를 정해주는 신호등도 있다. 가끔 사고가 나거나 길이 막히기도 하지만 방향은 예측가능하다. 정해진 장소와 일, 정해진 급여.

월급 받는 삶은 리스크만 피하면 되는 느낌이다. 나무열매를 매달 잘 따먹으면 된다. 진급은 기존의 열매 나무에서 사다리를 타는 수고를 좀더 들여서 더 큰 열매를 따먹는 것이다. 고객에게 큰 욕만 듣지 않으면 된다. 적절하게 정치질 하며 숨어있으면 된다. 조금씩 회사의 돈을 써가며 일을 최대한 적게 하면 된다. 회사라는 큰 나무가 쓰러지지 않는 한 비료 적절히 주고 물주면 된다. 회사가 망하지 않는 이상 자신이 크게 손해보지 않는 마음이 있다. 그냥 평타만 치면 된다. 지출을 하는 것은 회사 비용을 쓰는 것이라 좀 덜 아껴도 된다. 최악의 경우 난 다른 회사에 이직하면 된다.

개인 사업을 보자. 사업의 사장은 고되고 불안하다. 야생이다. 물건이 잘 팔릴지, 계약이 앞으로 더 될지 안될지 계속 '불확실'하기 때문이다. 월급쟁이는 나무에 열매를 주기적으로 따는 것이라면, 사업 대표는 야생 멧돼지를 사냥하러 가는 것과 같다. 사냥감은 계속 경쟁자로 인해 줄어드는 것 같고, 잡을 때 마다 너무 힘이 든다. 돼지 놈들은 자꾸 장소를 옮긴다. 돌겠다.

사업은 부지런한 사람이 더 돈을 벌 수 있다. 물론 부지런함만 가지고 되는 것은 아니다. 아이디어나 사람관계에 대한 능력도 필요하다. 큰돈을 들이지 않는 다면 사업을 한번 해보라. 남의 주머니에서 돈을 얻게 되는 것이란, 다른 사람의 마음을 움직여야 하는 고급 스킬이다. 계속 수익을 유지하는 것도 어렵다.

월급 받는 삶이 안정적이지만 세상엔 월급 받는 사람이 있고 월급 주는 사람이 있다. 사업을 크게 하지 말고 작게 해서 성공하거나 망해본다면 굉장히 배우는 것이 많을 것이다. 걱정하지 말고 한번 해보라. 뭐든 쫄아서 안 하면 죽기 전 후회한다. 나는 굉장히 사업을 한번 해보는 것을 추천한다. 급여 받는 포지션과 너무 다르다. 배에서 선장이 된 것 같다. 아무리 조그만 배도 캡틴이 적격하지 않으면 좌초된다. 사과와 물이 있는 육지로 갈지, 예상하지 못한 암초로 가서 부딪힐지… 매 순간의 선택도 어렵다. 그러나 어려움을 맞닥뜨리는 것은 그 사람을 크게 성장시키고 담대함을 길러준다. 책임에 대한 실체를 확실하게 느끼며 찐한 경험은 무시할 수 없는 능력으로 남으며 성장하는데 깊이 촉진시킨다.

내 친구의 형님이 15년 만에 임용고시를 최종 합격했다. 난… 이건 좋은 것도 아니고, 나쁜 것도 아니라고 생각한다. 그래도 행님 축하합니다!

<사랑> 사랑과 자유

나도 춥고 너도 추운데
내 옷을 벗어 너에게 준다.
나는 너를 사랑하기 때문이다.

나는 추워서 고통스럽다.
그러나 너가 따뜻해지면
나는 행복하다.

고통스럽지만 행복한 것.
싫지만 좋아해지는 것.
내가 반대로 바뀌는 것.
그것은 사랑이다.

내가 추운 고통을 자발적으로 선택하는 것.
세상 사람들이 나보고 추운데 뭐하는 짓이냐 라고 해도
나는 너무 너무 기쁘게 선택한 것.
가장 나 다운 변화된, 이상한 선택을 하는 것.

가장 나 답게 선택한다는 것은
가장 자유롭게 선택한다는 것.
사랑한다는 것은 자유로운 상태인 것.
자유로운 선택을 한다는 것은
내가 내 삶의 주인인 것

그래서 사랑을 할 때 자신이 주인공처럼 느껴지나?
뭐든 사랑해보자
아니,

사랑하는 것을 찾고
사랑하는 것을 만들고
사랑하는 것을 더 많이 해보자

내 인생의 주인이 될 수 있게
내가 자유롭게 살수 있게
내가 나 답게 살수 있게

경계에 부딪힐 때 마다

기본을 떠올려라.

<책> 감탄만 하고 끝

책은 유흥을 위한 책이 있고, 깨닫고 변화하기 위해 책을 읽는 사람도 있다. 나는 후자이다. 배우길 원하고 방황할 때, 좋은 인사이트를 준다. 내겐 생존형 독서.

똑같은 책을 보고 누구는 인생이 달라졌다. 누구는 변화 없다. 누구는 조금 변했다.

왜 나는 안될까?

돈 더 벌리라고, 인생이 좀 더 나아지라고 신실한 종교인처럼 기도하듯 책을 읽으면 당연히 이루어지지 않는다. 인생이 달라지기 위해서는 좋음을 깨달은 이후 삶에 '적용'해야 한다. 생각도, 손가락 하나의 움직임도, 발걸음도.

책뿐만 아니라. 좋은 문구도. 사람들은 감탄만 하고 끝이다. 책 덮으면 김치찌개 먹고 내일도 똑같은 삶을 산다. 똑같다. 똑같은 방식으로 돈을 벌고, 똑같은 관계에서 힘들어하고, 똑같은 결심을 하고, 삶에 적용하는 사람이 거의 없다. '캬 좋은 말이지' 하고 끝이다. 진짜 변화하는 삶이 없다. 쉽지 않지 당연히. 그래, 매일 똑같이 쉽지 않다고 투덜대며 변화하지 않는다. 변하기 싫은 것이다. 변화하려면 의식적인 노력. 에너지가 들기 때문이다.

힘들게 삶에 적용해도 자기와 맞는 게 있고 안 맞는 게 있다

지금은 맞아도 나중에 안 맞는 게 있고 지금 안 맞아도 나중에 맞는 게 있다

그래서 이 것 또한 어렵다.

책을 읽고 수만가지의 지혜가 있어도, 인생은.

시간 날 때 책을 읽으면 안되고 시간 내어 책을 읽어야 한다.

집중이 안될 때 그냥 읽기 보다, 집중이 가장 잘될 때 읽어야 한다. 책 읽는 것은 많은 에너지가 든다. 에너지는 집중력에 필요하다. 나이가 들수록 점점 그 에너지가 딸리기 때문에 에너지의 분담에 대해 신중하지 않을 수 없다. 시간도 마찬가지.

그래야 지혜를 '체득'하고, 자신에 삶에 '적용'하고, 인생이 '변화' 할 수 있다.

그 외엔 뭐 그냥 허영심 채우는 거다.

그 책 참 좋았지 하는 기억만 남길 뿐.

너 그 책 읽니? 나 그 책 읽어봤어. (뭔 내용이었더라?)

―――――――――――――――――

정말 자유로운 사람은
언제든지 벗어날 수 있는 사람이다.
그들은 무거운 짐이 없기 때문이다.

정말 삶의 주인인 사람은
언제든지 벗어날 수 있는 사람이다.
그들은 선택을 기꺼이 책임지기 때문이다.

<잠> 잠에서 깨어나는 것은 당연한 게 아니다.

잠을 자면 내일 아침에 일어날 수 있을 거라는 보장이 늘 있을 거라고 생각한다. 그렇지 않다. 젊은 사람도 심장마비로 밤에 잘 때 죽을 수 있다. (어린 아이들은 심장마비

확률이 매우 낮다고 한다.) 난 아직 노인은 아니지만 아침에 눈뜨면 감사하다. 하루 미래로 온 것이다. 엄청난 일 아닌가? 새로운 인생을 오늘 다시 시작할 수 있다니. 그건 거저 주어진 게 아니다. 잠 자면 다음 날 일어나는 것은 당연한 게 아니다. 심장에 감사하고 뇌에 감사한다. 이를 매일은 아니더라도 종종 느낄 수 있다면 좀 기분이 덜 나쁘게 하루를 시작할 수 있다. 출근하는 노예의 삶이긴 하지만 오늘 새로운 삶을 부여받은 것이다. 내가 잠을 자고 있는 도중에는 내가 일어나겠다는 의지로 일어날 수 없다. 그니까 '일어나야지' 하며 잠에서 깨는 게 아니다. 잠이든 상태에서 갑자기 번개가 치듯 그냥 눈이 떠지는 것이다. 무언가 아무런 것도 못 느끼는 암흑세계에 내가 존재하지 않고 있다가 존재하게 된 것이다. 진짜 다시 태어난 것이다. 난 잠들 때도 그렇고 일어날 때도 종종 신비함을 느낀다. 재미가 있다. 물론 연구 같은 것은 하고 싶지 않다. 다만 아침에 일어나면 뭔가 기쁠 뿐이다. 하루에 한 번 이상 기쁠 수 있다는 것은 축복이다. 나는 죽은 사람이 아직 아닌 것이다. 오늘 나는 새로운 관계를 시작할 수 있고, 새로운 음식을 먹을 수 있다. 또 무려 어제 썼던

글들을 오늘 이어서 쓸 수 있다.

나이가 들어서 별 걸 다 감사하는 군. 내 삶이 와 이리 되 뿟을꼬. 당신도 어서 공감해라! 같이 늙어가자.

잠이 100% 잘 오게 하는 방법 (순서대로)
1. 몸을 물리적으로 굉장히 피곤하게 한다. 적당하면 안 된다. 욕이 나와야 한다.(이삿짐 나르기, 과격한 운동)
2. 술과 함께 맛있는 것을 많이(소화 잘 되게) 먹는다.
3. 약간 집이 따뜻해야 한다. (샤워)
4. 책을 집중해서 읽는다.

이렇게 1234번 콤보로 조지면
잠이 진짜 안 올 수가 없다.

사육장은

늘 풍부한 먹이,

늘 풍부한 물,
늘 안전한 울타리가 있다.

편하다.

—--------------------------

<욕망> 배불러도 먹는다.

배가 고프면 고통스럽다. 뭔가 먹고 싶은 욕구가 있었다. 그래서 사과를 먹었더니 배가 불렀다. 더 이상 배고프지 않고 좋았다. 어느 날 배가 고파서 사과를 2개 먹었는데, 배가 부른데도 돼지 고기가 먹고 싶어 졌다. 추가로. 그것이 태초의 욕망의 시작이었다.

'욕구'는 생존의 결핍을 의미했다.

'욕망'은 부족함을 반영하기보다, 잉여를 저장하여 미래의 배고픔의 리스크를 감소시킬 가능성을 추구했다.

시즌2 욕망은 문명을 건설했다.

시즌3 욕망은 전쟁과 정신병, 불만족을 낳았다.

욕망이 태어남과 동시에 고통, 계급, 전쟁이 생겨났다.

끊임없이 욕심을 부린다. 만족이 되지 않아 화를 낸다. 실망한다.

욕망은 좋기도 하고 나쁘기도 하다.

문제는 그 이리저리 뛰는 양떼들을 어떻게 다루느냐가 관건이다.

―--------------------

중산층은 넓은 길로 간다.

부자는 길을 만들어 뛰어 간다.

부처는 어디든 자유롭게 노닌다

아, 근데 일단 중산층이라도 될려면 부지런히 걸을 줄 알아야 한다.

깨달아서 괴로움을 없애는 것이 아니라

괴로울 일이 본래 없음을 깨닫는 것이다.

-            법륜

<반응> 나를 위한 평안

도서관에서 큰소리로 누군가 얘기하면 화가 난다. 도서관은 조용히 해야 하는 곳이라는 나의 상식 때문이다. 근데 희안하다. 도서관에서 아이들이 가끔씩 소리를 지르면 그것은 괜찮다. 아이들은 부모가 아무리 통제를 해도 금방

까먹어 버리고는 동화책에서 큰 곰이 나왔다며 곰! 곰! 하고 소리를 크게 낸다. 아이들이 사회화가 되는 데 시간이 걸리는 것을 나는 알고 있기 때문에 크게 문제삼지 않는다. 그러나 어른들이 큰 소리로 뭐라뭐라 이야기를 하면 한번 째려볼 수 있을 것이다. 내가 옳다는 상과 맞지 않으면 화가 나는 것이다. 공공장소에서 조용히 하지 않는 것. 근데 어쩌면 그는 그럴 수도 있다. 그가 정신적으로 문제가 있거나, 귀가 잘 안 들리는 사람일 수 있다. 그러면 화를 내지 않을 것이다. 사지 멀쩡하고 정신 멀쩡하고 나이도 먹을 만큼 먹은 사람이 큰소리로 이야기를 한다면 그는 도서관에 대한 상식이 부족한 사람일 것이다. 그래, 도서관에서 조용히 해야 한다는 상식을 모르는 사람이 존재할 수도 있다. 재수없게 나와 오늘 이 자리에서 만난 것뿐이다. 근데 이것도 생각해보면 그의 잘못은 아니다. 그는 나 같은 환경에서 전혀 자라지 못했을 수 있다. 그냥 그와 나는 서로의 상식이 다른 채 오늘 우연히 만난 것뿐이다. 주사위 숫자가 내가 원하는 게 안 나왔을 뿐이다.

결국 도서관에서 누군가 큰 소리로 대화했을 때 내가 기분 나빠 할지 아닐지는 내가 어떻게 마음 쓰느냐에 따라 달려있다. 내 마음이 괴롭지 않으려면 어떻게 해야 할까? 책을 빌려 그 자리를 떠나거나, 이어폰을 끼고 조용한 클래식 음악을 틀면 된다. 또는 다른 층으로 가면 된다. '내가 왜 다른 층으로 가고, 귀찮게 이어폰을 끼웁니까? 그가 쫓겨 나가야지요.' 라고 하는 사람이 있을 수 있다. 그를 내보내기 위한 것은 더 힘이 든다. 그리고 그가 버팅기면 답이 없다. 모두 다같이 괴로움의 수영장에 빠지는 것이다.

운명이 내게 던진 사소한 탁구공은 사소하게 허리를 굽혀 피하는 수고로움을 투자하자. 아니, 그러해야만 한다. 목이 따끔하여 보니, 개미가 있었다면 털어내면 그만이다. 개미집까지 뒤져가며 괴로워할 필요 없다. 그런 것들이 모여 나의 하루의 질을 만들고 나의 일주일 행복지수에 반영된다.

누구를 위해서 내가 생각의 틀을 바꾸나? 어느 누구도 아닌 나를 위해서, 나의 마음을 위해서, 나의 기분을 위해서, 나의 하루를 위해서, 나의 인생을 위해서.

그와 마찰이 생겨서 화를 내게 되었다면 나는 기분을 망칠 것이다.

그 기분은 진정으로 그 사람이 만들었나, 내 마음이 만들었나?

나는 그를 측은하게 생각할 수 있지 않은가?

그냥 비를 좀 맞았을 뿐이다. 비를 피하거나 우산을 써야 하는 수고로운 일 뿐이다. 비 보고 나를 피해가라 할 수 없는 것이다. 갑자기 좀 나에게 내리지 말라고 할 수 없는 것이다.

———————————————

그를 사랑했던 바로 그 이유는 언젠가 헤어지는 이유가 된다. 다정했던 그는, 결국 다른 사람에게 다정하게 되는 것처럼. 돈을 잘 벌었던 그녀는, 돈이 많으니 내가 필요하지 않게 된 것처럼,

나에게 즐거움을 줬던 것이 언젠가 괴로움을 주게 된다.

술, 넓은 인간관계, 게임, 자식과 부모, 돈 등 사랑했던 것, 즐거움을 줬던 것 그 자체가 괴로움을 만드는 건가? 아니면 내가 괴로움을 창조한 것인가? 아니면 변해가는 환경의 운빨이?

사랑했던 것, 즐거움을 줬던 것은 괴로움을 줄 수도 있음을 알아보는 혜안이 필요하다. 모든 것을 평안하게 바라볼 수 있는 마음의 작용이 필요하다.

익숙해질 때까지.

―------------------------------

몰라도 괜찮아. 물어보면 되니까.

틀려도 괜찮아. 고치면 되니까

못해도 괜찮아. 누구도 처음부터 잘할 수 없으니까.

실패해도 괜찮아. 다시 도전하면 되니까.

―------------------------

<노인> 노인과 노인의 반대

1. 배울 만큼 배웠다는 생각이 든다.
2. 좋았던 그 시절이 그립다.
3. 나이 먹을 만큼 먹었다고 느낀다.
4. '이 나이에 그런 일은 뭐 하러 해? 하고 생각할 때가 있다.
5. 다른 사람이 뭘 하든 아무 관심도 없다.

미국의 모 의학협회는 위와 같이 노인을 정의한다고 카더라. 통신.

노인이 되고 싶은 사람 있나?
그럼 반대로 살자!!!

1. 배울 것이 많다고 느끼고, 그래서 신난다. (실제 그렇다!)
2. 지금 이 순간이 멋지고, 미래도 굉장한 일들이 벌어질 거야. (80을 먹어도 미래가 있어!)

3. 나이를 아직 덜 먹었다. 난 성장하고 있고 뭔가를 더

할 수 있다.

4. 나이에 상관없이 그냥 지금 해보는 거다.

5. 사람과 삶에 여전히 관심이 있고, 관심 가질 것을 찾아보자.

일단 이렇게 써보긴 했는데 젊게 살려면 좀 피곤하긴 하겠구나. 그냥 받아들여야 하나. 나의 중용은?

―――――――――――――――――

너와 나는 완벽히 다르다.

내가 사랑하는 것과 너가 사랑하는 것은 완전히 다르다.

내가 듣고 느끼는 그 노래는 너와는 완전히 다른 노래가 되어 들린다. 너는 하나의 별. 하나의 우주. 오히려 너와 내가 말이 가끔 통한다는 것은 감사한 일이다. 내가 눈에 넣어 다니는 카메라는 언제나 너와 다른 것을 찍는다. 난 이게 다 청소한 건데 너는 나보고 청소를 하지 않았다고 한다. 혀도 다르다. 이 음식은 너는 안 맵다고 하는데 나는 매운 것이다. 나는 꿈이 있어야 인간다운 거라고 하는데 너는 꿈 없이 자연 그대로 인간은 살아야 한다고 한다.

너와 나는 다른 것을 인정하면서 너의 마음을 종종 생각해본다. 그것이 그렇게 의미 없는 것일지라도. 넌 좋은 세계니까.

내가 너를 받아들이려면 너의 세계를 받아들여야 한다. 너가 뭐 먹을 때 입에서 나는 쩝쩝거리는 소릴 내가 듣기 싫어도 그냥 너로써 인정해야 한다. 너도 그렇다.

그러나 나의 세계는 너의 세계를 100%는 받아들일 수는 없을 것이다. 너도 그렇다. 그것은 진실이다. 거짓말을 할 수 없다. 그러니 가끔 부딪혀도 재미있게 알아가 보자. 그래야 재밌지. 같으면 재미없잖아.

―-----------------------

꽃이 지니,
벌들이 떠났다.

음… 그것 보단

꽃이 지면
벌들은 떠나기 마련이다.

—-----------

<돈> 돈이 필요한 이유, 벌어야 하는 이유

내가 좋아하는 것을 많이 하기 위해
아프면 나와 가족을 치료하기 위해
언젠가 점점 하고 싶지 않은 일을 하지 않기 위해
나나 내 주위에 우환이 생겼을 때 커버하기 위해

유흥을 종종 즐기기 위해 (아, 술을 줄여야 한다)

대략 인생을 너무 좁밥같이 살고 있지 않다고 주위 시선을 약간 의식하면서 교양은 조금 있게 보이기 위해, 쪽팔리지 않기 위해 (그렇다. 책에서는 마치 깨달은 사람처럼 폼 잡고 글을 쓰지만 나는 여전히 속물이고 소심하고 소인배다.)

한 번 사는 인생의 다양한 경험을 위해 (스카이 점프와 히말라야 등반은 죽을 병에 걸린다면 시도나⋯)

나이 들어 일을 못하면 밥 벌이를 못하게 되니 미리 좀 돈을 쌓아두기 위해

내가 좋아하는 일을 돈 생각 안하고 좀더 격렬하게 하기 위해

그대와 맛있는 거 먹으면서 여행하기 위해
좀 편하게 살기 위해
재테크하기 위해아 근데 돈 어떻게 버는 거지? ⋯
버는 방법을 연구하자.

自由는 미움 받을 용기다.

자유는 떠날 수 있는 힘이다.

자유는 바람처럼 그물에 걸리지 않는 것이다.

자유는 걷고 싶으면 걷고, 싫으면 걷지 않는 것이다.

자유는 희생과 투쟁으로 쟁취할 수 있는 것이다.

자유는 스트레스 받지 않는 것이다.

자유는 때로는 돈으로부터 나온다.

자유는 많은 시간이다.

자유는 건강함이 기본이다.

자유는 공부해야 생긴다.

<다름> 미국이 살기 좋나?

내 동생은 영어를 잘한다. 미국에서 부동산 뭐시기를 시험 쳐서 합격했다. 한국에 와서 영어를 가르치면 아마도 좋은 대우를 받을 텐데, 미국에 일하면서 공부하기 때문에 팍팍한 삶을 산다. 학창시절에는 내가 공부를 더 잘했던 것 같다. 동생은 30대가 되더니 갑자기 공부를 하고 미국 대학에 갔다. 이제는 공부를 나보다 잘하는 것 같다. 역시 인생은 마라톤인가. 누가 시켜서도 아닌데. 내가 술 먹고 돈 버는 동안 동생은 알바 하며 (엄마한테 학자금을 좀 빌려서 갚고 있다.) 공부를 열심히 했다. 잘 살고 있구나. 동생은 그 곳에서의 삶이 한국보다 더 좋다고 한다. 나는 미국의 총기 난사와 치안, 비싼 의료보험이 별로 일 것 같다고 했지만 그것을 뛰어넘을 만큼 거기가 좋은가 보다. 한 동안은 이해를 못했다. 다쳐봐야 정신차리지.

어느 날, 나는 여행을 가는 도중 비행기에서 어떤 한국인

할머니가 대화하는 것을 엿들었다. 자기는 미국이 더 좋다고 생각해서 한국에 잠시 들렸다가 다시 미국에 돌아간단다. 이 번 귀국은 남편이 죽고 자신도 얼마 안 남았으니 친척들을 마지막으로 보고 돌아가는 거란다. 한국이 왜 별로냐 라고 물으니, 답답해서 란다. 경치가 답답하고, 뭐시 답답한 게 많단다. 나는 할머니가 입맛도 그렇고 언어도 그렇고 여러가지로 한국이 낫다고 생각하실 법도 하다고 생각했는데... 근데 진짜 자기에게 맞는 나라가 있나 보다. 경치? 한국이 산이 많아 답답할 수는 있지. 미국은 그래 대륙이니까 쭉쭉 뻗어있고 그랜드 캐니언… 캬 규모가 다르지. 근데 그게 사는 생활과 무슨 상관이지? 한국의 아파트와 미국의 주택? 그래 미국의 주택은 좋다. 근데 그게 그렇게 살기에 좋은 건가? 또 미국 물가 비싸지 않나? 어쨌든 그 할머니와 나의 느끼는 바와 라이프 스타일은 다르니 그 사람의 이유가 있겠지. 좋다는데 어쩔겨.

이해가 가지 않는다는 것은 내 생각이다. 내 판단의 이루어짐은 나의 감각기관과 나의 과거 경험과 배운 것, 안다고 생각하는 것들의 집합의 결론이다. 판단을 내리기까지의 생각들은 완전 다른 세계를 구성하며 다른 사람들과 확연히 구분된다. 그 할머니와 동생의 세계에서는 미국이 한국보다 분명 나은 점이 있다는 것. 나는 모르지만 그럴 수 있다는 것.

바다를 좋아하는 사람이 있고, 산을 좋아하는 사람이 있는 것이다. 산에는 산사태가 있고 바다는 태풍이 있다. 산은 열매와 식물을 먹을 수 있고, 바다는 물고기와 해산물을 먹을 수 있다. 각자 살고 싶은 곳에 살면 된다.

―----------------

그 친구가 나에게 좋은 친구인지 생각하기 전에

나는 그에게 좋은 친구일지 생각해보아야 한다.

―----------------

<가치> 사우디 아라비아

몇 년 전 이집트 패키지 여행에 포함된 사우디 아라비아의 리야드를 2박3일 갔었다. 현지 남성들이 입는 그 흰 천을 머리에 쓰고 동그라미를 얹은 그 복장을 한번 해봤다. (구트라와 아갈) 그리고 시내와 관광지를 돌아다녔는데 진짜 난 BTS가 된 것 같았다. 보는 사람마다 내가 쓰고 있는 천을 바로잡아 주고, 남자 든 여자 든 나에게 함께 셀카를 찍자고 난리도 아니었다. 거의 내가 관광이 안 될 수준이어서 다음 목적지로 갈 때는 벗어버렸다. 거기선 동양인이 그 전통(?)복장을 하는 게 엄청 희귀한 것이었다. 왜냐하면 일단 사우디는 관광객이 별로 없다. 관광 개방을 늦게 하기도 했고 무엇보다 치명적인 것은 술을 안 판다. 아무리 뒤져도 없다. 마트에도 없다. 모두 다 무알콜 와인 무알콜 맥주이다. 그러니 누가 관광을 오겠나. 그러한 환경에서 동양인이 그 복장을 한 사람이 굉장히 신기했던 모양이다. 나의 가치는 거기서 최고조였다. 나의 복장의 존재 만으로. 마치 당시의 나는 우리나라 시골에서 흑인이 한복을 입고 돌아다닌 것과 같은 느낌이었을 것이다.

무언가의 가치는, 그것의 기능이나 역량이 0이더라도 '어디'에 있느냐에 따라 완전히 달라진다. 내가 원래 가진 것, 평소엔 평범하거나 별 것 아니라고 여겼던 것이 어떤 곳에선 극단적으로 희귀하고 특별한 것이 된다. 그래서 물이 비행기에서는 그토록 비싼 것이다. 하늘 위에서 어디서 물을 구할 수 있겠나.

어쩌면 우리가 우울하고 자존감이 낮아지는 이유는 자신의 가치가 발현이 안되었거나, 그 장소가 가치 형성에 적절하지 못한 곳/시간 일 수 있다. 창의성이 좋은 사람은 창의력이 필요한 곳으로 가야하고, 주어진 일에 꼼꼼하고 반복적인 절차를 잘 따르는 것을 원하는 사람이면 일반 사무직 직장인이 되면 좋고, 사람을 좋아하는 사람은 어쩌면 음식가게나 펍을 하는 것이 좋을 수 있다. 자신의 가치를 몰라주는 환경에서 울지 말자. 난 많이 울었다. 다 내가 내 자신을 잘 공부하지 않았던 탓이다. 그만큼 성격도 직업 선택에 아주 큰 요소이다.

내 친구 중엔 지식이 뛰어난 사람이 있다. 그런데 그 회사는 그의 수준을 따라가지 못해, 오히려 그가 답답해한다. 또 다른 친구는 설명력도 뛰어나고 인성도 좋지만, 아이를 키우고 빚에 얽매여 아직 자신의 능력을 제대로 펼치지 못한다. 그렇다고 해서 그들의 가치가 사라진 걸까? 아니다. 그들은 단지, 아직 자신이 빛날 자리에 도달하지 못한 것뿐이다.

내가 있을 곳은 어디인가?

아… 일단 나 자신을 좀 아는 것도 필요하고,

나의 능력을 키우는 것도 필요하것네.

당신은 어떤 가?

당신은 어떤 사람인가?

무언가를 하기에 역량 있고 적격한 사람인가? 아니라면 발전시키려는 노력을 하고 있나?

현재 환경과 장소, 포지션이 자신의 가치가 별로라면 찾아 들어가야 할 곳은?

당신은 당신 같은 사람을 채용하겠는가? 월 300씩 주고? 그렇지 못하다면 왜 안 뽑겠나?

—----------------------

선을 행하되 명성에 가까워서는 안되고

악을 행하되 형벌에 가까워서는 안된다.

-       장자

—----------------------

<나> 떠나고 싶은 너

어딘가가 싫거나. 누군가가/뭔가가 싫으면 회사든 가정이든 떠나가면 된다. 그냥 단순하게 결정하는 것이 아니라.

더 이상 이렇게 살면 안된다고 느꼈을 때. 내가 극심한 고통에 시달릴 때 벗어나면 된다. 근데 이상하게도 그렇지 못한 사람들이 있다. 그 곳과 그 생태계가 싫어도 내가 떠날 수 없는 상황. 그럴 때 사람은 괴롭다. 세상엔 나쁜 가족도 많고, 어디든 또라이들은 있다. 그렇다고 그대는 윤리와 체제로부터 심지어는 법으로부터 세뇌되어서는 안된다. 그리하여 마음속의 결정, 그 외침을 무시해서는 안된다. 모든 것은 변하기 때문이다. 새끼 개구리였을 때 못 넘어가던 우물이라고 지금도 그렇게 생각해서는 안된다. 그대는 깨어 있어야 한다. 누구나 생존 본능이 있다. 그렇다. 그것은 정확히 자신의 감각기관과 과거 경험, 학습이 만든 세계가 느끼기 때문이다. 산에서 곰을 마주칠 때 그 두려움과 긴장됨처럼. 그리고, 그대에게 많은 상처를 주는 사람으로부터 돌아서야 한다. 스스로 경제적 자립을 해야 한다. 자본주의에서 경제적 능력은 무언가로부터 벗어나기에 꽤 중요하다. 또 좋은 관계라고 할 수 있는 신뢰와 배려와 웃음이 잦은 곳을 향해 떠나야 한다. 그러나 벗어나는 길은 참 외로울 것이다. 개척해야 하고 도와주는 사람이 잘 없기 때문이다. 적응을 포기한 자의 비애다. 그러나 어쩔 수 없다. 새는 물속에서 살수 없다. 누군가 자신을 위로해 주길 기다리지 마라. 때로는 눈물로 견뎌야 한다. 부모가 자신을 버렸던 그 아이들의 마음을 조금이라도 이해해라. 애정의 뿌리가 실하든 없든, 어른이 된다는 것은 드넓은 위험한 초원을 혼자 마주해야 하는 것이다. 자주 울고 싶을 것이다. 어두운 매일 밤과 기나긴 추운 겨울의 시기를 보내야 한다. 어쩌면 심할 경우엔 죽는 것이 더 나을 정도의 삶은 삶이 아닐 수 있다고 하루에도 몇 번씩 생각할 것이다. 한계의 경계에 부딪히면 당연히 너는 튕겨져 나올 것이다. 그것은 너뿐만이 아니다. 어떻게 자신과 그것을 둘러싼 모든 것을 한번에 뛰어 넘을 수 있겠나? 당연하다 당연해. 동물도 매일 한계에 부딪히며 성장한다. 그래. 죽을 때까지 성장해라. 죽을 만큼 불행했다면 죽느니 목숨 걸어봐라. 차라리 비겁하게 뛰는 심장보다 용맹했던 뼛가루가 되어라. 육신은 육신일 뿐이다. 뼛가루가 함에 갇혀 있을 때도 들썩들썩하고 바다에 뿌려질 때도 더 높이 날아라. 주눅들지 마라. 겁 먹을 필요 전혀 없다. 결단을 내리려면 각오가 필요하다. 마음을 먹어야 한다. 그때 용기는 생겨난다. 용기를 유지해라. 힘은 계속 생겨난다. 힘은 다시 계속 생겨난다.

—------------------------

지배하려 하지도 말고,

복종하려 하지도 말라.

—-----------------

뜨거운 컵을 계속 쥐고 있다는 것은
견딜만하다는 것이다.
진짜 뜨거운 컵을 잡는다면 바로 놓아버릴 텐데 말이다.

당신이 고민하고 갈등하고 있다는 것은
아직 견딜만하기 때문에
뜨거운 컵을 계속 잡고 있는 것이다.

진짜 뜨거웠다면
이미 결정했거나,
이미 떠나버렸을 것이다.

이러나 저러나 중요한 것은
당신은 뜨거운 컵을 잡고 있으면서
고통을 느끼기로 선택했다는 것이다.

—--------------------------

<지금> 강아지와 뒷일

강아지가 뛰쳐나가 흙을 묻혀 뒹굴며 너무 좋아하면 주인은 난색을 표한다. 씻겨야 하기 때문이다. 이렇게 인간은 이기적이다. 자기 것만 생각하기 때문이다. 왜 함께 흙에서 뒹굴어 주지 않나. 그의 기쁨에 왜 함께 기뻐해주지 않나. 난 강아지를 털 알레르기 때문에 못 키우지만 내가 진정 강아지를 키운다면 그가 행복하도록 놔두겠다. 뭐라고

요? 갓 방금 씻긴 강아지가 그렇게 뒹굴어도 화 안 낼거냐고? 조... 족쳐야지요. 에헴.

나이를 자꾸 먹으면 귀찮아 하고 계속 뒷일을 생각한다. 무언가에 대해 뒷일을 도모하는 것은 당연히 경제, 큰 결단, 큰 인간관계 등에서 중요하긴 하다. 그러나 중용의 균형을 잘 찾아야 한다. 놀 때는 걍 놀아야 한다. 뒷일을 생각해가지고는 잘 놀지 못할 뿐 더러 놀아도 소심하게 노는 둥 마는 둥이 된다. 현재를 지극히 맛보지 못한다. 그러고서는 나중에 아 그때 더 재미있게 화끈하게 놀 걸. 하는 것이다.

반쯤만 노는 인간이 되어서는 안된다. 자본주의로부터 비효율적인 것은 화끈하게 비효율이 되어야 한다. 무효율이 되어야 한다. 누가 나를 보면 쓸데없는 짓을 하고있네. 라고 하는 것이다. 그 말은 곧 노는 측면에서는 최고의 경지요, 최대의 효율이다. 강아지를 봐라. 간식은 지금 먹어야 하고, 노는 것은 지금 놀아야 한다. 똥도 그때 그때 싸고, 싫으면 짖고, 잠오면 잔다. 왜 사람은 그렇게 못할까? 우리는 왜 잠 줄이며 일하고, 알람에 일어나며, 감정을 억압

할까. 누가 더 자유로울까. 누가 더 행복할까. 자연의 모습을 따라가면 우리는 당연하게 자연적이 된다. 자연적으로 되지 않으면 비자연적이 되고 비자연은 부작용이 생긴다. 소가 고기를 먹으면 생기는 광우병처럼 비자연은 온갖 병이 걸린다. 이 인간 사회를 벗어날 수 없다면 기회가 생길 때마다 자연적으로 살자. 그것이 가장 자연적인 기쁨이니까. 순수한 기쁨이니까. 거짓 웃음이 아니니까.

―---------------

병마다 다른 치료제가 있듯

사람의 괴로움마다 그에 맞는 철학과 지혜가 있다

―----------------------

<나> 나는 인연 따라 색깔을 가진다.

난 고정된 실체 없이

아들이 되었다가, 강사가 되었다가,
작가가 되었다가, 친구가 되었다가.
손님이 되었다가, 시민이 된다.

너가 나에게 어디로 흘러가냐 물으면
난 너가 누구냐에 따라 대답을 다르게 해줄 것이다.
그래서 너도 내가 여러 개의 얼굴을 가졌다고
당황하지 마라.

나는 여러 방면으로의 우주가 된다.
너에게 도움되는 사람, 나쁜 사람,
스쳐가는 사람이 될 것이다

마음도 딱 고정되어 있지 않고
사는 동안의 나의 역할도 머무는 바가 없고
관계도 운명도 돈도 항상 같지 않다.

내 성품, 내 고집 보다는
인연 따라 드러나고 이루어 진다.

마치
봄바람을 만나면 피어나고
가을 바람을 만나면 움츠러들듯이.

―----------------------------

권태가 찾아왔다면, 지루하다면, 변환이 필요하고 방황하고 있다면

불편하고 귀찮지만 새롭고 적응해야 하는 것들로 삶을 갈아 끼워보자.

뭐시 이런 게 다 있노? 하는 것을 찾아가자.

그대가 느끼는 무기력은 풍족이다. 썩어가고 있다. 푸르러지지 않고 낙엽이 떨어지고 있다.

신입생이 되자. 이방인이 되자. 초짜가 되자. 견습생이 되자. 어린아이가 되자. 봄의 생명-나물을 파먹자.

애벌레가 나비가 되듯,
무언가가 되는 것은 한계와 눈치가 없어.

—-----------

<사랑> 떠날 수 있는 그가 머물러준다면

너는 날 떠날 수도 있다. 난 그 사실을 안다. 난 널 약간의 불안을 안고 사랑하지만 커다란 신뢰가 있다.

이번 신뢰는 어떨까?

너가 날 영원히 안 떠난다는 보장이 강화될수록 의외로 난 너를 덜 사랑할지도 모르겠다. 공기를 사랑하지 않는 듯 말이야.

너가 날 떠날 수 있다는 자유는 나에겐 맘 아프지만 과감히 인정한다. 내가 약간의 불안을 계속 가지는 고통을 감수하겠다. 그러나 내 곁을 계속 떠나지 않게 노력하겠다.

그러나 너 또한 잊지 않았으면 좋겠다. 나 역시 너를 떠날 수 있는 존재라는 것을.

너가 날 매일 뛸 거라는 심장의 당연한 믿음처럼 생각하게 되면 너는 점점 스스로 멀어질 수 있다. 내가 매일 너를 향해 달리고 있다는 생각은 너의 가슴을 뛰게 하지 않을 수도 있다.

언젠가 너는 나의 중요함이 보이지 않고 느껴지지 않을 것이다. 그렇게 점점 변해갈 수 있다. 너의 마음이 변하지 않고 날 가장 사랑했던 그 순간이 영원하길 바라는 것은 욕심이다. 그리고 가능하기 어렵다. 사람과 환경과 시간이 우릴 변하게 할 것이기 때문이다. 그리하여 기대하지 않는 것이 서로가 괴롭지 않기 때문에 그것이 나를 좀더 덜 어리석게 만들었다.

나는 잘 모르겠다. 이것저것 어느새 다 따지는 나를 깨닫게 되는 것이 고통스럽다. 나는 속물이라 모든 것을 다 주며 순수하게 사랑할 수 없게 되었다. 자식을 가지면 생겨날까? 남에게 나에게 지극한 신뢰는 나이 먹을수록 이토록 어려운 것이다.

그럼에도 나는 여전히, 날 떠날 수 있는 너를 사랑한다. 행복 위의 신뢰. 웃을 때는 누구나 함께 잘 웃을 수 있다. 그러나 울 때는 누구나 함께 잘 울어줄 수 없다.

그래. 신뢰는 함께 웃기도 웃지만, 함께 두려움을 극복하고 시간이 지나야 하는 구나.

하지만 오랜 시간에도 배신당한 삶은 많지. 한쪽만 순수해서는 신뢰는 어려운 것.

진실로 사람사이에도 운도 따라야 해. 그래서 지금까지 내 주위에 있는 사람들이 소중하구나.

그래 지금 내 옆에 너.

넌 내 기준에는 가끔 좀 답답하고 모자란 듯하지만. 나도 너에게는 가끔 좀 답답하고 모자라겠지. 고마워.

이렇게 다들 못난 퍼즐들이 얼추 맞으면 맞는 거지 뭐.

―------------------------

20대가 30대로 넘어가면 슬퍼서 운다.40대가 30대로 갈 수 있다면 기뻐서 웃을 것이다.

같은 30대로 가는 것인데 무엇이 감정을 이렇게 건드리나?

자, 그렇다면 지금은 울래? 웃을래?

난 웃는 것을 선택하고 지금을 찐하게 잘 살아보겠어.지금이 참 별로다. 라고 생각할 때마다.언제나!

어쩌겠어. 다 마음대로 되지 않으나 일어났다가 가라 앉게 되는 것을 알고, 영원이 순간이고 순간은 영원인줄 알면. 몸 안밖에서의 자극은 자극일 뿐. 내 마음이 동요하여 일으키지 않게 노력하는 중이니까.

<시간> 양자역학과 과거현재미래

양자역학에서 좀 신기한 것은 '관측의 불가능성'이다. 우리는 너무 작은 양자를 직접 볼 수 없기에, 빛을 쏘아 그 반사나 산란을 통해 간접적으로 본다. 하지만 문제는 그 쏜 빛—즉, 관찰을 위한 광자조차 에너지를 갖고 있어 양자에 영향을 준다는 것이다.

(관찰하려는 시도의) 빛이 닿는 순간, 양자의 위치나 운동은 바뀌어 버린다.

그래서 양자의 위치를 정확히 알면 속도를 모르게 되고, 속도를 정확히 알면 위치는 알 수 없게 된다. 하이젠베르크의 불확정성 원리. 이게 나를 '시간'에 대해 생각하도록 만들었다.

현재라는 건 도대체 무엇일까? 지금 이 순간을 인식하는 찰나에 그 '현재'는 이미 지나가버리고 0.00000001초 후의 과거가 되어 있다. 현재를 붙잡으려는 순간마다, 그건 이미 과거가 된다. 그렇다면 현재란 존재하는가? 존재한다. 그러나 완벽히 인식하는 것은 불가능하다. 마치 양자를 관측하려 하면 상태가 변하듯, 현재도 인식하려는 순간 사라진다. 존재하지만 붙잡을 수 없는 것. 그래서 어떤 철학자들은 말한다. '현재는 없다.'

그렇다면 미래는 어떤가? 아직 도래하지 않았고, 지금은 존재하지 않는다. 먼 미래에는 우리는 모두 죽는다. 하지만 지금 그 죽음을 느낄 수는 없다.

가까운 미래는 곧 현재가 되고, 현재는 또 다시 과거가 된다. 결국, 시간은 각각 흐르는 게 아니라, 겹쳐진다. 과거, 현재, 미래는 분리된 것이 아니라 한 몸이다.

그렇다면 이 긴 이야기를 내 현재의 시간들을 써가며 왜 했는가? 지금을 사는 것이 영원을 사는 것이기 때문이다. 사실 인생이란 오직 '지금'이라는 이 순간의 연속일 뿐이다. 지금 웃으면 그 순간이 인생의 전부고, 지금 울면 인생이 우는 것이다.

과거는 기억 속에 있고, 미래는 상상 속에 있다. 지금 이 순간, 내 숨결과 피부가 느껴지는 이 자리가 내 유일한 시간이며, 내 영원이다. '현재'를 느끼지 못하는 사람은, 살아있지만 죽은 것과 같다. 반대로, 지금을 온전히 느끼는 사람은, 그 어떤 순간 보다도 깊게, 완전하게 살아있는 것이다.

과거에 아무 의미 없이 쓸데없이 흘려보낸 시간들을 지극히 아까워하여 지금을 찐하게 보낸다.

30년뒤 나이가 들어서도 지금처럼 하기 싫은 일을 하면서 월급 받을 것 같아, 지금 더 격렬하게 재테크를 하고, 하고 싶은 일을 찾는다.

―――-----------------------------

참내…

아직도 사랑 없이 결혼하는 사람들이 있다니

사랑이 있어도 결혼은 힘든 거 아니유?

세상 사람들이 결혼하라고 하니 내가 따라 한다면

자기 돈 벌기 싫어 결혼하는 거라면

상대에게 이득을 보려 결혼하려 한다면

그렇게 같이 사는 게 도대체 무슨 의미가 있을까?

흠… 그래 당신들 스스로가 옳다면야… 에헴.

―――----------------------------------

<행복> 넌 하루 중 언제 제일 행복해? 넌 하루 중 언제 제일 편안해?

그 질문을 받았을 때, 나는 한참을 생각해야 했다. 아마도 그 동안 행복이나 편안함을 별로 느끼지 못했거나, 혹은 그런 감정에 대해 생각해본 적조차 없었거나, 아니면 행복 위에 늘 살고 있었거나 어쩌면 이 들의 조합이었을 것이다. 그러다 문득 떠오른 게 하나 있었다. 매주 화요일 저녁, 나는 풋살을 2시간 정도 한다. 벌써 수년 째다. 오

로지 내 건강을 위한 습관이다. 그것도 안 했으면 나는 아마 큰 병에 걸렸을 것이다. 나는 공 차는 걸 특별히 좋아하는 것도 아니고, 매주 하는 풋살을 기대하거나 기다리는 마음도 없다. 그저 정해진 시간에 가서, 사람들과 그렇게 썩 어울리지도 대화도 않고 그냥 공만 열심히 차고 돌아온다. 일종의 귀찮은 루틴이다. 내 생활 속에선 거의 무의미한, 배경처럼 깔린 하나의 행동일 뿐이다. 그런데 그 운동을 마치고 집에 와서 샤워를 하고, 빨래를 돌리고, 침대에 누우면 너무 좋다. (밤 9-11시 풋살 하고, 샤워하면 12시)근육이 살짝 뻐근하게 땡기면서, 몸이 잠잠해지고 그냥 기분이 좋다. 역시 운동 빨. 그 딱 누웠을 때가 내가 주중 가장 행복하고 편안했던 순간이다.

생각해보니 이상했다. 내가 특별히 좋아하지도 않는 그 풋살이, 행복한 것을 떠올렸을 때 생각이 났을까? 운동이 그렇게 대단한 건가? 아니면, 나는 그만큼 내 인생에 평안하고 행복한 시간이 없었던 것일까? 무심한 루틴의 그 생물학적 보상 – 땀 흘리고 심장이 펌프질하고 근육들이 좋아하던 그것. 그게 내가 슥~ 떠올렸을 때 생각 날 정도

라고? 운동이 그렇게 도파민 뿜뿜이었나? 그 정도로 삶의 질-행복을 +1 높일 수 있는 거였나?

내가 인터넷에 팔려고 물건을 올린 게 몇 개 있다. 가끔 69만원짜리가 팔리는데 그것도 가끔 기분 좋지만 근데 운동 후의 느낌이 훨씬 더 좋았다. 행복이나 편안함은 늘 돈이나 성취처럼 기대하는 것에서 오는 게 아닌가? 오히려, 내가 아무런 감정 없이 반복하던 일들 속에서 슬며시 찾아온 것. 실제 몸에서 느껴지는 생생한 좋은 느낌. 나는 몰랐지만, 그 풋살을 하고 난 화요일 밤, 가장 좋은 순간. 가장 중요한 공기처럼 내 행복은 떠올리지 않고 점검하지 않으면 그렇게 때때로 가장 무심하게 지나간다. 그리고 나는 훗날 깨닫지 못한 채 내 인생은 불행했어. 라고 말할 수도 있는 것이다.

질문을 하니 나를 점검하게 되었다. 질문하라 스스로!

가장 행복한 순간은? 그래서 그것을 어떻게 유지하고 늘 맛보고 싶은가?

내 꿈, 나의 버킷 리스트를 지금 당장 써보고 이룰 수 있는 중장기 계획.

나 같은 경우는 여행가기 몇 달 전 일단 여행 날짜를 박고 (행복과 기쁨을 위한 날), 업무 스케줄 로부터 그 정한 날짜를 '방어'한다. 인생은 놀아야 하기 때문이다. 노는 것을 포기하고 일하는 게 아니라, 일하는 것을 종종 (무리하게 말고 짤리니까.) 포기하고 놀아야 한다.

―--------------------------

삶은 죽음으로 완성된다.

그러나 모든 죽음이 삶을 완성시키는 것은 아니다.

―--------------------------

<감정> 슬픔은 왜 나누면 반이 될까?

슬픔은 왜 나누면 반이 될까? 슬픔이란 게 줄어든다기보단,

그 무게를 같이 들어줄 누군가가 있다는 것에 감동하는 것. 그 고마운 마음이 나를 안정시켜주는 것 아닐까? 그래 슬픈 그 일을 어떻게 다시 원상 복구할 수 있겠나, 근데 누군가가 함께 마음을 동하여 주는 것. 사람이 슬플 때는 슬픔 그 자체 때문만은 아니다. 그 걸 혼자 감당해야 한다는 고립감이 사람을 더 아프게 만든다. 그래서 '말하면' 좀 나아진다. 그래도 그 슬픈 사람의 짐은 실제 나눠지지 않으며, 그 만이 감당해야 할 몫이긴 하다. 그 사실 자체도 정말 슬픈 일이지만 우린 누구나 그렇지 않나? 어떻게 자식 대신 부모가 대신 아파줄 수 있겠나. 어떻게 그 사람의 인생을 살아 줄 수 있겠어. 어쩌면 그것을 서로 다시 깨닫는 여정에 눈물은 점점 덜 나오게 되며, 감정을 되찾는 일 일게다.

누군가에게 이야기를 털어놓으면 아무 해결도 안 됐는데 왜 속이 좀 후련할까. 그건 말하면서 내가 내 감정을 처음으로 바라봤기 때문이다. 사람은 감정에 대해 모호하게 생각한다. 울면 슬픈 거 라고 뭉뚱그린다. 그러나 운다는 것은 억울해서 일수도 있고 과거의 쌓였던 무언가와 화가 난 것의 조합 등으로 눈물을 흘릴 수 있다. 그래서 답답해지는데, 말을 통해 구조화하고 눈물의 출처를 되짚으며 알아내기 때문이다. 출처를 모르면 계속 감정이 심화되거나 평정심을 찾기 힘들어진다. 그래서 말을 하며 그 출처를 알게 되는 것은 마치 어두웠던 방에 불을 켠 것으로, 두려움이 많이 사라진다. 불안이 사라진다. 그래서 입으로 남한테 말하면서 스스로 원인을 찾고, 알게 된다.

"아, 지금 말하면서 알겠어요." 누군가에게 내 이야기를 하면서, 내가 내 말을 처음 듣게 되는 순간이기도 하다. 머릿속으로 말하는 것과 입으로 말하는 말은 다르다. 머릿속은 언어가 아니라 이미지에 가깝다. 내가 나를 인식하는 과정. 그 인식의 순간은 입밖으로 꺼내는 '말'이라는 명확한 터널을 통해서 오고, 또 누군가가 그 말을 판단 없이 들어줄 때 에야 가능해진다. 이미지는 이미지지만, 언어는 사고를 명확하게 한다.

마음을 나눈다는 것은 단순히 수다를 떠는 것이 아니다. 내 마음에 깊숙이 들어앉아 있던 것들을 꺼내 상대에게 꺼내 놓는 일이다. 그런데 상대가 그걸 받는 방식이 중요하다. 뭐 라도 해결해주려고 애쓰기보다는, 그저 "그래,

그렇구나." 하고 들어주는 것. 아무 말도 하지 않아도, 그냥 그 자리에 함께 있는 것만으로도 위로가 될 수 있다. 그 순간 우리는 느낀다. '아, 나 혼자 아니구나.' 그 느낌은 생각보다 강하다. 존재가 확인받는 그 느낌은, 말로 다 설명할 수 없다.

내 말을 들어주는 사람은 고마운 존재다. 그것은 사랑이다. 타인의 부정적인 이야기. 그거 그 시간에 뭐 하러 시간 내어 들어주나, 뭐 하러 부정적 이야기를 듣나, 긍정적 이야기를 듣고 웃고 싶을 텐데. 사랑은 그런 것이다.

나도 그러해야 한다. 소중한 사람들에게 공감해주는 것이 중요하다. 만약 나도 남의 슬픈 일에 위로하는 것을 멀리하고 싶다면 그럴 수는 있으나, 그렇다면 그만큼 나도 남에게 기대하지 않아야 한다. 이기적인 것은 이기적으로 돌아온다.

글 쓰는 것도 도움이 된다. 자 한번 적어 보시오. 진짜 효과가 있다니까.

음악을 틀어 줄게.

―-----------------------

가장 소중한 사람에게 왜 가장 소홀하는 가?
공기처럼 언제나 있어왔고, 앞으로도 있을 것 같기 때문이다.
그 생각이 너무나 당연해져서 아무런 느낌이 없기 때문이다.

그러나 사람은 공기가 아니다. 죽는다.

특히 가까운 사람들에 대해
고귀한 인연으로 만난 것에
감사해야 할 면을 매일 새로이 보지 못하면

공기가 모두 사라졌을 때
즉, 그들이 사라졌을 때, 떠나갔을 때

나는 공기로 호흡했던 사람이라는 것을 깨닫는다.

그들이 없는 곳은 물속이라는 것을 가끔 깜박해도,
길게 잊어서는 안된다.

―--------------------------------

지혜가 내 머릿속에 아무리 많다고 해도

그 사실 만으로 내 괴로움이 없어지는 것이 아니다.

자각을 자꾸 해야 한다.

실제 적용해야 한다.

체득해야 한다.

소금 맛이 어떻다 저렇다 해도 반드시 먹어보는 행위가 필요하다.

100개의 지혜를 알기만 하는 것 보다,

10개 알아도 1개를 실천하는 것이 중요하다.

<시작> 넌 항상 불평을 한다.

너는 항상 무언가 부족하다고 불평을 한다.
너는 항상 지금은 때가 아니라고 말한다.
그러나 너는 이미 뛰어갈 준비가 다 갖추어져 있다.
두 다리가 있잖아? 다리 없는 사람도 요즘은 좋은 보조기로 잘 뛴다.

그래, 뛰면서 자빠지고, 헥헥거리며 잠시 걷다가도 하면서 체력을 기르는 것이다.

그래,
체력을 기르고 나서 뛰는 것이 아니라.
뛰면서 체력이 길러지는 것이다.

너뿐만 아니라 누구도 앞을 명확히 볼 수 없다.
앞으로 고개를 쳐들고 달려나가다 보면 바다도 보고,
산도 본다.

너는 솔직히 아직 간절히 원하지 않는다.
먹고 살만 하니까 넌 아직 여유가 있는 가 보다.

요즘의 너는 아예 걷고 싶지도 않아 보인다.
미리미리 준비해라. 더 잘 살려고 한다면,

기본적 밥상 위에 고기를 더 얹고 싶다면
감나무 밑에서 감 떨어지길 기대하지 말고
너의 능력을 다시 이끌어내라.

너는 이미 뛰어갈 준비가 다 갖추어져 있다.
너는 아직 활용하지 않을 뿐이다.
너는 아직 단련하지 않을 뿐이다.

너는 지금도 항상 무언가 부족하다고 불평을 한다.
너는 지금도 아직 때가 아니라고 한다.

너는 지금도 눈 앞에 있는 것을 잃어버렸다고 말한다.
너는 지금도 걸을 수 있음에도 걸을 수 없다고 말한다.

―--------------------------

불행을 확실하게 아는 사람만이

행복을 정확하게 알 수 있다.

—------------------------------

<존재> 유일한 존재들

나를 키워주던 부모와 내가 보살펴줘야 하는 부모는 같은가?

20대의 여행과 40대의 여행은 같은가?

미루지 말라.

작년에 핀 꽃과 올해 핀 꽃은 같은가?

꽃은 또 피지만,

나와 너는 단 한번이다.

나와 너는 바꿀 수 없는 존재들이다.

우리를 대체할 수 있는 것은 없다.

대체할 수 있다면 사랑할 가치가 있을까?

나는 나이기 때문에 누군가로부터 사랑받을 자격이 있다.

돈은 복사본, 회사도 복사본이야.

언제든 교체될 수 있는 너가 되어서는 안된다.

언제든 대체될 수 있는 너가 되었을 때도 너의 곁에 있어 줄 사람이 있는 가?

언제든 바꿔 질 수 있는 너가 된다면 기대를 내려놓을 수 밖에 없다.

나는 얼마나 비효율적인 사람인가?

그들이 나에게 연락해주고, 말 걸어 주는 것은 많은 자비심이 있다.

나는 얼마나 이기적인 사람인가?

나는 그들에게 관심도 주지 않고, 필요 없으면 눈길조차 주지 않는다.

한번 시들면 다시 회복하기 어려운 것들이 세상에는 많다.

----

1. '잘못한 건가?'

2. '잘못했구나 조심해야지'

3. '또 잘못했구나, 조심해야지'

4. '또 잘못했구나, 또 조심해야지'

5. '잘못할뻔 했다'

6. '또 잘못할뻔 했다. 다행이야'

7. '…'

―-------------------------

<욕망> 카와라나이 모노

너 왜 짜증내고 화를 내?

내가 원하는 것이 되지 않아.

원하는 게 다 될 리가 없잖아 세상에는

그렇긴 하지.

원하는 것이 이뤄지면 좋지. 근데 더 원하게 되는 거 아니야? 지금까지 원해서 이루어 진 것 들을 생각해봐. 그 이후에 어떤 지. 다 취하고 사라진지 오래야. 지금 그렇게 빨리 안된다고 애태우고 호들갑 떨 일일까? 너 순수한면이 있구나? 일희일비 하지 마라~ 평정심으로 돌아온다~ 마음을 가라앉히고 정진해.

난 계속 갈증이 있어. 월급 300만원, 다음에는 500은 벌어야지. 그리고 내 여자친구도 내 말을 좀 잘들었으면 좋겠어.

원하는 게 다방면으로, 충족 후 또 생기고 계속 있겠네?

당연하지. 사람은 욕망의 동물이니까. 넌 뭐 스님이냐? 시잘때기 없는 소릴하고 있어 자꾸.

어렵다 인생. 난 변하지 않는 것을 찾고 싶어.

———-------------------

사람을 만나면 쾌나 불쾌가 되어야 한다.

아무 감정도 들지 않으면 마주치지 않은 것과 같다.

-      스피노자

———-------------------

<사랑> 반복

사랑은 아프다. 누구도 사랑하지 않으면 아플 일은 없을 텐데. 이별과 죽음, 실망 등으로 사랑은 비극을 맺는다. 맺기 마련이다. 그래도 사랑에 눈먼 인간은 또 사랑을 시작한다. 그 사랑이 영원하길 바라면서. 비관론자의 말은 절대 귀에 들어오지 않을 만큼 사랑의 귀도 없어지고 눈도 없어지고 오직 둘만의 세계가 생겨난다. 그러나 언제 나처럼 권태기는 오고 영원할 것 같은 사랑은 점점 아이스크림처럼 녹아버린다.

알아도 계속되어야 한다. 사랑받음이 좋았으니까. 사랑함이 좋았으니까. 인간의 목소리, 체취, 행동, 맞닿음이 좋았으니까. 좋은 건 좋은 거니까. 외로움은 아픈거니까.

—-------------

기쁘면 쟁취하고

슬프면 거부하라.

-        스피노자

스피노자야 너 책임질 수 있냐?

내가 사는 세계에서는 그러기 어려워.

-        인간쫄보

—------------------

<선> 착해도 욕먹을 수 있는 게 세상이다. 당연당연.

사랑하는 아이의 방을 매일 청소해주고, 옷을 입혀주고

밥을 언제나 해 먹여주면,

아이는 방청소를 어떻게 하는 줄 모르고, 옷을 골라 달라고 하고, 밥을 사먹게 된다. 참 어려운 것이다.

가난한 나라에 가서 여행을 하는데 아이들이 자꾸 1달러 1달러 돈을 달라고 하면 줄 수 있다. 주는 거 어렵지 않다. 아이는 학습한다. 돈을 달라고 불쌍한 척 하면 주는구나. 하며 장차 프로페셔널한 거지로 될 수도 있다. 꿈을 잃을 수도 있다. 참 어려운 것이다.

'내가 하려는 선한 행동이 남에게는 악이 될 수 있다.' 이 말을 한번 보자.

그러면 선한 행동을 하지 말라는 소리인가?

그 속내는 이렇다. "선의(善意)"가 항상 "선(善)"의 결과를 낳는 건 아니라는 거다. 의도가 선하다 할지라도 타인에게는 해로울 수 있다. 예를 들면 누군가를 도우려고 했는데 그 사람 자존심이 상할 수도 있는 것.

행동하기 전 깊은 통찰이 필요하다는 것이다. 선한 행동을 하되, 타인의 관점, 상황, 배경을 고려하는 깨어 있는 선함이 필요하다. 맹목적인 선함 중독은 오히려 해가 될 수 있다. 중요한 것은 이 행동이 진짜 그 사람을 위한 것인지, 아니면 내 만족을 위한 것인지를 아는 것. 그리고 선한 행동은 대부분의 경우 어떤 식으로든 보상을 받고 싶다는 마음이 있다. 그래서 고맙다는 말을 못 들으면 서운한 것이다. 나중에 그 사람이 떡 하나 갖다 주지 않으면 '사람 참 너무하네' 하는 말을 하게 되며 미워지는 것이다. 선한 행동의 결과는 예측할 수 없다. 나의 마음을 아프게 할 수도 있다. 그것을 알고 행해야 한다.

- 그 사람의 입장에서 한번 더 생각
- 모든 (보상, 나의 뿌듯함까지 모든)기대를 내려놓는다.
- 질문을 통해 상대의 니즈를 파악
- 나의 선함이 오만이 되지 않도록 점검
- 상대가 원하지 않으면 물러남
- 반복되면 이 사람이 당연하게 생각한다는 기대 생성

다 안다. 사람은 도와야 한다. 돕고 싶은 마음 그 누가 모르겠나. 그러나 늘 나의 선행이 상대에게 좋을 거라는 착각을 하면 안된다는 것이다. 그러면 싸우게 되거나, 남의 인생을 망칠 수도 있다는 것이다. 당신의 선한 마음을 누가 모르겠나 그러나 세상 일이 다 그렇지 않으니까. 혹시나 그렇게 결과가 되어도 당신이 슬퍼하지 말라는 것이다. 선한 일을 하는 것도 어려운 것이다.

―------------------------

스스로에게 쓸모 있지 않고
남에게 쓸모가 있다면 경계해야 한다.
타협적 노예가 될 수 있다.

스스로에게 쓸모 있고
남에게도 쓸모가 있다면 잘 결정해라.
적절히 자비를 베풀며 기쁠 수도 있다.

선택할 수 있다.

그건 노예가 아닌 삶이다.

―--------------

<상담> 답이 없다니깐.

늘 성공하는 상담과 조언은 그 사람이 가장 듣고 싶은 말을 해주는 것이다. 질문자는 자신의 최근에 관심 있는 것이나 고민을 물어볼 것이며, 그것에 대해 공감해 주길 원한다. 그래서 그에 관해 자세한 요구사항들을 만족시키고 조사하고 도움이 되는 말을 하면 된다.

그러나 진정한 상담과 고민 해결은

선택에는 옳고 그름이 없다는 것을 이해시키는 것이다.

선택은 좋은 면과 나쁜 면이 항상 따르는 과보가 있다는 것을 이해시키는 일이다.

동전에는 항상 앞면과 뒷면이 있기 마련인 것. 동전의 앞면이 좋다고 하여 앞면만 가질 수 없으며 뒷면도 함께 가져야 하는 것. 동전의 뒷면이 미친듯이 싫다면 앞면이 좋다 한들 가지지 않아 버리는 것. 다른 동전을 선택하거나 감수하며 받아들일 것. 살다 보면 뒷면도 좋아질 일이 있다는 것. 그러니 원하면 선택하는 것. 을 다시 일깨워 주는 일이다.

또, 중요한 선택일수록 누구도 대신해줄 수 없는 최고의 외로움속에서 자신을 들여다보고 스스로 혼자 선택해야 할 수밖에 없다는 것을 알게 해주는 것이다.

그래서 원하는 말을 못 듣고 간 고민자는 상담해주는 사람이 답을 말해주지 않았다며 불평한다. 그리고 자신이 듣고 싶어하는 말을 해준 사람이 용하다며 추천한다.

어떻게 해야 할지 모른다 막막하다 라고 하는 것은 자신을 되돌아 봐야한다. 자기가 자기마음의 주인이기 때문이다. 자신의 방향이 다른 사람의 입에서 나온다는 것은 다른 사람의 옷을 입겠다고 하는 것과 같다. 그래서 늘 자신의 세계에 대한 이해가 필요하다. 자신의 세계는 늘 변한다. 그래서 '늘' 이다. 누굴 탓하랴.

———-------------

변하지 않는 진리를 알게 되면
자신의 세상을 변화시킨다.

모든 것은 변한다.
그것이 변하지 않는 진리다.

세 번째 눈을 뜬 사람은
변화의 바람에 휘둘리지 않는다.
모든 것에 집착하지 않는다.

그는 출렁임을 알고 그대로 본다.

그는 고요하다. 그리고 자유롭다.

괴로울 이유가 없다.

—------------------------

<생명> 일어나라

지금 누워있는 사람 보거라.

너는 지금 어디에 있는 가.

몸은 어딘가 누워있는지 모르지만,
실제로는 너는 정신이 무언가 눌러져 있다는 것이다.

너를 누르고 있는 것은 무엇인가.

그렇지만, 그런 것들이 주된 이유가 아니다.

너는 너가 스스로 누르고 있다.

환경, 다른 사람, 시간, 의지, 불가항력
그 모든 것 때문이 아닌,
너의 마음이 너를 누르고 있다.

누워있는 것은 의지의 죽음이요,
일어서 있는 것은 의지의 생명이다.

심장은 뛰지만 잠자지 않고 누워있는 것은 죄악이다.
눈은 뜨고 있지만 누워있는 것은 생명을 속이는 것이다.

지금 일어나서 살아있음을 증명하는 행위들을 하라.

살아 있다면 살아있는 것을 행해야 살아있는 것이다.

늘 인간의 무언가의 시작은 일어서는 것이었다.

호모 사피엔스가 사냥을 위해, 사랑을 위해
무언가를 선택하고 시작하기 위한 그 행동.

일어나는 행위는 DNA를 다시 일깨우는 일이다.
존재의 표현이며, 누워있는 나를 넘어서는 시도다.
살아 있다면 살아있는 방식으로 살아야 한다.

살아있는 방식이란 무엇인가?
깨어남이다. 움직임이다. 호기심이다. 도전이다.

모든 것은 자연스러워야 한다.

2차원으로 누워서 선처럼 개미처럼 존재하지 말고 3차원으로 일어서서 점프도 하고 팔다리를 움직이며 살아있어라.

누워 있는 것은
절대 오지 않을 시간을 적극적으로 흘려보내는 것이다.
그것은 병든 사람이다.
기회를 흘리는 것이다.
깨닫지 못하는 것이다.

우리는 일어서는 존재다.

잠을 잘 때 말고는
일어나라.

고마 궁디를 주~우~ 차 뿔라.

20대 때 혼자 처음 자취를 할 때 화장실이 점점 더러워진다는 것에 놀랐다. 어렸을 때부터 가족과 함께 살 땐 화장실은 늘 깨끗했었기 때문이다. 또 친구들의 아기 키우는 모습을 보며 또 깨달았다. 매일 기저귀 갈아주고, 놀아줘

야 하는 것. 아기들이 밤마다 깨서 부모들은 밤마다 잠을 잘 못 잔다는 것을. 아 그래, 부모님의 20대를 내가 많이 써먹었다는 것을.

최근 난 왜 부모님이 이것저것을 이해 못하냐며 답답해하고 몇 번을 말하냐고 짜증낼 뻔했나. 어리석다. 어리석어.

―--------------------------------

<감정> 썩는 냄새

좋은 감정은 표현하면 좋다. 누구나 행복한 전염이 된다.

그래서 행복은 감추는 것이 아닌, 밖으로 드러내며 함께 하는 감정이다.

나쁜 감정은 어렵다.

표출하지 않으면 내가 답답해지고.

표출하면 상대가 답답해진다.

그래서 제일 좋은 방법은 그 부정적 감정이 일어나지 않게 하는 것이다.

어떻게 할 수 있는가?

지난 날을 떠올려 보면, 화를 냈던 경험도 있고, 지극히 기뻤던 순간들도 있다.

그 감정들은 쾌 든 불쾌 든 한 번씩 요동친 후, 결국 잔잔한 호수가 된다.

그렇다. 감정은 일어났다가 가라앉는다.

하지만 오래되고 깊은 나쁜 감정은, 비우지 않은 음식물 쓰레기통과 같다.

버리지 않고 가지고 있다가, 가끔 썩는 냄새가 올라오면, 나는 그것을 굳이 맡는다.

그러면서 "음, 역시 좋지 않았지" 하고 한숨을 쉰다.

감정을 다루는 우리 의식은 살아 있는 주방이다.

좋은 재료는 요리해 먹고, 남은 것은 잘 버려야 한다.

정신적인 '잘 먹고, 잘 버리기'의 기술이 필요하다.

그것은 감정이 하나의 파동임을 명확히 깨달아야 한다.

부정적 감정은 나와 모두를 언제나 망친다는 것을 체득해야 한다.

우리가 똥을 보면 자연스레 피하듯이

그래 그 정도면 된다.

―---------------------------

코끼리야 넌 뚱뚱하지 않아.
참새야 넌 다리가 짧지 않아.
사람의 눈으로 너희들을 보지 않을 게.

바람과 자연의 눈으로
모든 것을 있는 그대로 보려 할 게.

내 앞의 너도,

나의 눈으로 보지 않을 게

너가 원하는 정치의 방향도
너가 원하는 종교의 가르침도
너가 원하는 사랑의 방식도

너가 원하는 그 모든 것.

그냥 너는 그러한 사람이다 라는 그 자체로 보도록 해 볼 게. 그리고 나도 그러한 사람이다 를 알아줘.

산은 산이요,
물은 물이로다.

———————————————

<자아확장> 어느 날 돈까스와 맥주가 신기하였다.

난 자기 확장을 자주 한다. 자주 한다기 보다 떠올라진다. 예전엔 고립된 섬처럼 살며 남의 일에 관심이 단 하나도

없었지만, 요즘은 그렇지 않다. 타인의 일이 곧 나와 가까운 일처럼 좀 느껴진다. 자아가 묽어 지면서 크게 커진 것 같은 느낌. 그 건 왜 그런지 나는 명확히 알 수 없다. 오지랖인가?

비행기 사고로 안타깝게 죽은 사람들을 보며, 내가 저 비행기에 탔을 수도 있었다고 몸서리치게 느낄 수 있는 것이다. 그러면 자연스럽게 나의 의식의 흐름은 나의 최초에 대해 의문을 가지게 되며 상상한다. 나는 내 동생으로 태어났을 수도 있었다. 나는 사우디 아라비아의 왕자로 태어났을 수도 있고, 사막의 소수 부족에서 태어나자마자 병으로 죽었을 수도 있다. 그러면 조선시대에 태어났을 수도 있고 원시시대에 태어났을 수 있다. 이건 상상이 아니라 가능한 사실이다. 내 의지로 태어나지 않았다.

나는 원시인으로 태어났을 수 있었다. 어느 날 나는 돈가스에 맥주를 먹다가 확실히 느꼈다. 이것은 행복한 시대다. 왜냐하면 내가 원시인이라면 경험하지 못했을 '시원한', 생맥주'를 먹고 싶다고 느낀 지 '7분만에' '돈까스'와 함께 먹었기 때문이다. 난 식당에 들어갔을 때, 나에겐 물도 없었고, 효모도 없었고, 보리도 없었고, 돼지도 없었고, 사료도 없었고, 밀가루, 기름, 불, 레시피, 그릇, 의자, 음악도 없었다. 9000원의 가치에 이걸 취하다니 대박이다. 9천원이면 한시간 정도 일하면 받을 수 있는 돈이다. 나의 확장으로 난 원시인과 똑같았는데. 거참. 그리고 집에 들어가서 무려 이불을 덮고 벼룩과 늑대도 없는 곳에서 겨울에 전기장판을 틀고 잔다. 이건 찐 행복이다.

이제 그런 것은 현대사회의 기본값이라 처절히 나처럼 찐따처럼 느끼지 않아도 된다고? 그것이 무의미 하다고? 그러면 당신은 아주 잘 살고 있는 것이다. 나도 처음엔 그랬다. 그러나 인생의 굴곡을 여러 번 왔다갔다하면 나처럼 생각할 가능성이 점점 많아질 것이다. 모든 것은 연결되어 있다는 그 말도.

—--------------------

여러 누군가들과 너~무 잘 지낸다는 것은 다른 사람의 요구사항이 잘 반영되고 맞춰진다는 것이고, 그 만큼 사회화가 잘 되었다는 것이다. 관계를 통하여 생존에 유리하고자 애쓴 것이다. 나와 찰떡 궁합일수도 있지만, 내가 좀 희생하여 맞춰주는 것일 수도 있다. 그것이 쌓여 관계가 중용의 도를 벗어나 자신이 너무 닳게 되는 것 같고, 너무 신경 쓰고 하는 것은

자신이 점점 그 관계속에 스며들며 고유색이 옅어 진다는 것이다.

'다른 사람들과 존재하는 법', '다른 사람들과 함께하는 법'에 신경 쓰느라 '나로 살아가는 법', '나와 친해지고 행복해지는 법'을 잊고 살수 있다. 관계 속에서 공허 해지거나 또는 너무 정신이 없다면 나를 찾는 시간을 주고 나와 대화를 해보자. 자신을 잃어가면 주인된 삶이 안된다. 휩쓸려 다니는 느낌을 받고는 한다. 내 삶을 잃는다. 방법? 소리 내어 혼자 질문해보고 답해본다.

<환경> 환경과 인간과 책

불행한 가정의 자녀들은 불행할 가능성이 많지만 꼭 그런 것은 아니다.

행복한 가정의 자녀들은 행복할 가능성이 많지만 꼭 그런 것은 아니다.

확실히 환경 배경은 영향을 미친다.'누군가를 알고 싶으면 그 친구 3명을 보아라''근묵자흑''친구 따라 강남 간다'

내가 주위에 좋은 영향을 미치면 그들도 좋아진다.내가 주위에 나쁜 영향을 미치면 그들도 나빠진다.

내가 주위에 좋은 영향을 끼칠 수 있는 방법은 무엇일까? 어떻게 하면 그 지혜를 배울 수 있을까?

그렇다면 '책'을 읽어봐. 좋은 영향을 가진 사람들이 많아. 언제든 소환할 수 있지.

―--------------

봄이면 꽃을 피우고

겨울이면 잎을 떨어뜨린다.

우리는 왜 그렇게 살수 없는 가?

―--------------

<나> 나의 유용함

나의 유용함은 누가 결정하는 가.

거기 당신, 용기와 정의감이 투철하니 소방대원을 하시오.

싫습니다. 저는 요리를 만드는 사람이 될 것입니다.

거기 당신, 수학을 잘하니 물리학과 가보는 것은 어때?

싫습니다. 저는 음악과 작곡을 좋아합니다.

주위 사람들의 기대와 잘못된 교육으로 알게 되는 거짓의 삶.

자본과 사회에 맞춰지는 출처가 어딘 지도 모르는 잘못된 삶.

나의 유용함은 누군가를 만족시키기 위해 있는 것이 아니지 않나?

나에게 나의 유용함은 뭘까?

살아있는 것 그 자체에 있다.
인생을 쌔리 느끼고 경험하는 것.
심장이 뛰고, 감정이 요동치고,
어떤 일에 눈을 반짝이며 빠져드는 순간.
그때 나는 가장 유용하게 살아 있는 존재가 된다.

내가 살아있다는 감각,
그 자체가 이미 가장 완전한 유용함이다.

나의 유용함은,

내가 나로 살아가는 그 순간에 피어난다.

나의 유용함은 자본주의가 싫어하는 굉장한 비효율적인 것에 있다.

돈이 되지 않는 일과 그냥 밑도 끝도 없이 그냥 하면 재미있는 것에 있다.

돈이 없어서 하고 싶은 것을 못한다구?

밥 벌이 하면서 해. 그게 당연한건디.
출근 전, 퇴근 후, 주말, 공휴일 하믄 되지.

밥 먹으려고 돈 벌고, 돈 버는 시간외에 내가 원하는 것 하고.

그것이 왜 어렵나?

해도 된다.

할수 있다.

하면 된다.

해야 한다.

―--------------------------------------

땅에서 발을 떼는 자.

1000km넘게 갈 것이다.

땅에서 발을 떼지 않은 자.

1cm도 갈수 없다

―--------------------

<비교> 참되게 너를 보려 해.

비교하지 않으면 그것이 참되게 보인다. 딸이 공부를 옆집 아이보다 못하면 공부 못하는 애가 되어 버리고, 학원을 더 보내야 하는 애이다. 그러나 옆집 아이가 존재하지 않았다면 딸은 그냥 해맑은 웃음을 가진, 존재만으로 사랑스러운 딸이다. 딸은 운동을 잘해서도, 말을 잘해서도

아닌 그냥 존재만으로 사랑할 수 있다. 아니. 존재만으로 사랑해야 하는 것이다. 그것이 자연의 본성 아이가.

비교하지 않으면 그것이 참되게 보인다.

남편은 좋은 대학을 나오고 나에게 잘해준다. 동기모임에 갔더니 전부 남편들이 의사들이고, 집을 상속 받았다던데 우리는 집한 채 없다. 남편은 무능력해 보이고 나만 뒤쳐지는 것 같다. 그러나 그 모임에 가지 않았더라면 나를 세상에서 가장 행복하게 만들어주고 잘 통하는 좋은 남편이다.

비교하지 않으면 그것이 참되게 보인다.

어렸을 적 길가의 코스모스는 너무 예뻤다. 꽃 박람회를 갔는데 너무 특이한 꽃들이 많고 색도 예쁘고 귀여운 꽃들도 많았다. 그러나 거기에 코스모스는 없었다. 나는 코스모스가 그리웠다. 코스모스는 적당히 내 허리만큼 크고, 내가 집에 가는 길에 나를 반겨줬다. 코스모스는 자세히 보면 너무 귀엽게 생겼다. 예쁘다. 코스모스는 나에게 제일 좋은 친구 같은 꽃이다.

돈, 물건 소유의 집착,
다른 사람을 내 마음대로 하려는 집착,
이루고 싶은 욕망 욕심들의 집착을 내려 놓으면 자유로워 진다.

집착의 밧줄이 나를 묶지 않고 있기 때문이다.

그러나 여기서 한발 더 나아가서

나는 아무 것에도 얽매이지 않고 기대하지 않고
자비로운 마음, 고심한 선택, 선한 행동, 원하는 목표는
여전히 실천한다.

비워낸 후에야 새로운 창조와 실천이 시작된다
단순한 허무주의나 무기력이 아니라,
비 집착 상태에서 자유롭고 깨어 있는 의식을 가지고
세상과 관계하라는 거지.

자신을 구하는 유일한 길은
남을 구하려고 애쓰는 것이다.

호모 사피엔스가 행복해지는 방법은
다른 호모 사피엔스를 행복하게 하는 것이다.

요리를 만들어 대접하는 것.
너의 목숨을 살리는 것.
책을 써서 너에게 도움을 주는 것.
누군가를 가르치고 그 사람이 성장하는 모습을 보는 것.
어려운 사람들을 도와주는 것.
사랑하여 널 기쁘게 해주는 것.
음악을 만들어 너의 마음을 만져주는 것.
누군가를 배려하는 것.의리를 지키는 것.
함께 웃어주고 울어주고 안아주는 것.
노약자를 배려하는 것.
고맙다고 괜찮다고 얘기해주는 것.
유쾌한 농담을 하는 것.

상대의 꿈을 응원해 주는 것.

축하해 주는 것.

시간을 함께 보내 주는 것.

널 기억해주는 것.

마음을 열고 이름을 불러주는 것.

칭찬해주고, 인정해주고, 연락해주는 것.

서로의 침묵을 불편해하지 않는 것.

—-------------

<진화> 경쟁보단, 변화의 적응 & 협력 공존.

진화는 변화의 적응, 공생을 강조했다. 경쟁 보다는

진화를 우리 인생에 짧게 빗대어 보면 내 삶이 진화한다는 것이다. 진화는 개인의 인생에서 '성장과 변화'다.
그래서 내가 성장하기 위해 경쟁보다는 주어진 환경에서 잘 협력하고 공존하느냐가 중요하다. 경쟁도 필요하지만 서로 괴롭다.

환경 변화에 적응을 잘 해야 하는 것은 당연한 기본값 디폴트다. 난 내가 태어나고 단 한 번도 경제가 호황이라는 말을 들어본 적이 없다. 경제가 맨날 어렵다 해도 부자들은 계속 생겨난다. 교사들의 임용 수가 줄어들면 다른 가르치는 직업을 또 모색해 나가야 하는 것이다. 환경이 변한다고 변화 탓만 하면 쓸데없는 술주정과 다름없다.

경쟁도 이따금 여러 이유 때문에 하긴 하지만 더 중요한 것은 공존 공생하는 프레임으로 자꾸 세상을 더 많이 보도록 해야 한다.

경쟁의 색안경으로 매번 보기 보다, 협력의 색안경으로 보는 방법이 더 선순환을 만든다.

다 같이 물고기가 안 잡힌다고 서로 경쟁하기 보다, 협동조합을 만드는 것이다. 영어를 잘하고 수학을 못하면, 수학을 잘하고 영어를 못하는 친구와 협력하는 것이다. 내 인생이 적절하게 진화하기 위해서는 경쟁보다 협력, 그리고 변화의 투덜거림을 그만하고 알맞게 처신을 해야만 살아남으면서 진화 성장해야 한다.

이거 중요하다. 왜냐하면 우리는 경쟁에서 이기는 것에 너무 길들여져 있기 때문이다. 여차하면 자꾸 경쟁 프레임으로 밖에 생각하지 않는다. 남의 가게가 망하면 좋겠다는 것이다. 그렇게 극단적으로 만드는 교육 시스템과 사회는 우울하다. 경쟁에서 이긴다 한들 공존이 안되면 우짜노 혼자. 싸우는 법만 배우고 함께 사는 법을 배우지 못하면 아마도 길게 살지 못하거나 재미없게 살 것이다. 피라미드 꼭대기는 굉장히 외롭다. 가장 높은 곳에 있겠지만 그게 뭐 좋은가? 아니 진짜로 그게 왜 좋냐고.

―-------------------------------

순수보다 강한 힘은 없다.

―----------------------------

네. 2015년쯤에 큰 싸이클론이 들이닥쳤는데 그때 제 모든 재산을 잃었어요. 그래서 16년도엔 모든 걸 다시 재건해야 했고 그리고 3년동안 새로 지었는데 20년도에는 코로나가 와서 더이상 (게스트 하우스를) 운영할 수가 없었죠. 그리고 22년도에 다시 국경을 개방해서 그래서 다시 손님들을 받기 시작했는데 또 두 번의 싸이클론이 왔어요. 그건 23년도쯤이었어요. 그리곤 모든 게 무너졌어요. 그리고 재건을 시작했지만 이미 항공편이 전부 없어졌기 때문에 비행기도 없어졌죠.

- 유튜브 곽튜브 바누아투 하편

여러 생각이 든다. 삶의 의지, 다른 것 개발, 어쩔 수 없음? 노력, 보상, 운명, 떠나지 못함, 기존 것 최선…

<사랑> 본모습

노란 귤
빨간 딸기
보라 블루베리
녹색 멜론
갈색 나무
파란 하늘
분홍 꽃잎
검은 밤

모두 거짓말을 하지 않는구나.

모두 그대로이니 사랑스럽다.

진짜 자유는

모든 것을 다 갖는 것이 아닌

모든 것을 다 그대로 두는 것이다.

행복도 그러하다.

채우기보다

버리고 버리면 자연과 같아지고 개방된다.

나도 알고 너도 알면

당당함이 나온다.

<욕망> 무언가를 얻으려고 하면

무언가를 너무 얻으려고 하면
조바심이 들고, 욕심이 생기고, 두려움이 생긴다.

욕망이 뭉쳐지고 두꺼워져 마음이 그물에 걸린다

그물에 걸리지 않는 바람처럼 되려면
나에게 보태려는 것이 임시적이다가 무상하다는 것을
깨닫는 것이다.

그것을 '깨닫고' 다시 구하라. 그러면 많이 아프지 않다.

무상하지만 잠시 쓸모 있고 기쁨이 된다면 구하는 것
자체는 문제가 되지 않는다.

얻은 것은 변하기 마련이다. 모든 것은 변한다.

발전하기도, 썩기도, 없어지기도, 닳기도, 쓸모 없어지기
도, 누군가에게 가기도 한다.

내 목숨도 어쩌다 욕망의 출렁임으로 얻게 된 것이며

빈손으로 왔다가 빈손으로 간다.

결국엔 나도 없는데
어떻게 내 것이라는 게 있으랴?

변하는 것에 집착하지 말고 그대로 두어라.

그러니 또 울지 말고
웃으며 산삼을 찾아라.

―------------------

타인을 만나거든

타인에게 선을 행하지 말라.

-        원효

―----------------------------------

<설레임> 처음, 사람, 성취

아, 최근 설레었던 적은 언제인가? 가슴 뛰고 심각하게 궁금하고 재미가 기다려지는 그 일. 왜 요즘은 설레인 적이 없는가? 설레임이 자주 있는 인생을 삶을 만들고 싶다.

- 초등학교 때 아빠가 사오신 CD 플레이어를 처음 받고 듣던 그 설레임
- 여자 친구와의 첫 통화, 손 잡음
- 초딩 때 친구들 집에서 돌아가며 자던 날들
- 도에서 개최했던 400m 계주 그 출발선
- 고 3때 수능 100일 전이라고 친구 하숙집에서 술을 마시면서 도대체 술이 취하는 기분이 뭘까 하며 술을 한잔 마실 때마다 몸의 변화를 느껴보던 그 설레임
- 첫 해외여행 일본에서 제일 처음 본 현지인 비행기 고치던 아저씨
- 첫 음원을 내고 음원사이트에서 내 곡을 듣던 그날

- 처음 곡을 작곡했을 때

정리하고 보니 '처음', '사람, '성취' 네.

그래 처음, 사람, 성취를 또 해보자!

—------------------

음악은 시간의 예술이다
시간의 흐름을 가장 아름답게 표현한 예술이다
온전히 눈을 감고 즐기다 보면
다시 못 올 3분이 지나 있다

그 동안의 시간은 그 세계에 갔다 온 것이다
짧은 여행, 짧은 독서, 짧은 영화를 경험한 것이다.

BGM 백그라운드 뮤직으로 듣지 말고,
때로는 RTM 리얼 타임 뮤직으로 듣는 것을 강추 한다.
그러면 음악을 온전히 음미할 수 있다.

—------------

<마음> 역할에 따라 바뀌는 마음들

자취할 땐 배달비가 너무 아깝다고 생각했는데,
배달 아르바이트를 하면서부터는 그 배달비가 생계였다.

학생일 땐 선생님의 잔소리가 지겨웠는데,
가르치는 입장이 되자 그 잔소리는 관심이었음을 알았다.

결혼했을 땐 싱글이 자유로워 보였고,
이혼 후엔 결혼이 주는 안온함이 그리웠다.

아르바이트 할 땐 손님들이 너무 까다롭게 느껴졌는데,
손님이 되어보니 내가 그렇게 행동했던 적도 많았다.

희안하지.
자신의 마음은·

자신의 생각에,
무언가 당연하다고 믿는 것이 많아질수록

답답한 꼰대가 되어 간다는 것이다.
그것은 본인의 세상에서만 당연한 것이다.

한국은 12월이 겨울인데 호주는 12월이 여름이다. 이러한 객관적 사실을 실상이라고 한다. 언제나 12월이 겨울이라고 말하는 바와 다름없는 고착된 고정관념이 너무 많아 지는 것. 대나무처럼 유연하지 않은 것을 나이를 먹을수록 주의해야 한다.

이 사실을 깨달아야 한다.

깨닫지 못한 말들은 다음과 같다.

"이거 원래 이렇게 하는 건데?"
"이렇게 하지 않고 어떻게 다른 것을 하나?"
"왜 이렇게 하지?"

"내 상식으로는 도저히 이해할 수 없어."
"이렇게 하는 것은 절대 아니야."
"진짜 이건 잘못된 것이 맞아"
"역시 ~는 ~라 안돼"
"이건 단 한번도 바뀐 적이 없어서, 그렇게 하는 거야."

당연한 것은 당연하다고 죽기 살기로 여긴다면
고립당하고 사람들이 떠나가는 것은 시간 문제다.

특히 사람에겐… 타인과 나는 늘 변화한다.
실제 세계도 내가 생각한 그 세상이 아니야.

세상이 깨질수록 마치 반전영화라고 당신은 느끼겠지.

―---------------------------

<긍정> '있는 것'에 집중해보기

훌륭한 장인은 도구와 자재를 가리지 않고
현재 있는 도구와 자재로 의자를 만들어 낸다.

현재. 무언가를 당장 해야 한다면.
'없는 것'에 집중하지 말고 '있는 것'에 집중해라.

현재. 내가 당장 잘 살고 있는 지 점검하고 싶다면.
살아온 기적에 감사로부터 시작하는 것처럼.

현재. 무언가를 당장 나쁘게 하고 싶다면.
'있는 것' 보다 '없는 것'에 집중해라.

현재. 내가 불행해지고 싶다면.
없는 돈, 불우한 과거, 망할 미래를 생각하는 것처럼.

훌륭한 요리사는
냉장고의 부족한 재료를 가지고
어떻게든 요리를 만들어 낸다.

부족한 요리사는
냉장고의 부족한 재료를 가지고
어떻게든 불평만 만들어 낸다.

당신은 자신이 알고 있는 능력도 혹시 사용 안하고 있지 않나?

진정한 부족 상태에서 그대는 훌륭한 요리사가 될 역량이 있는가?

당신은 '없는 것'에 매일 신경 쓰는가?

'없는 것' 이 매년 똑같지 않은가?

'있는 것'에 감사하는 것을 자주 음미해 보기도 하고,

없는 것을 채우기 위한 노력도 스트레스 없이 하라.

―------------------------------------

자극과 반응사이에 공간이 있다

그 공간에서 우리는 어떤 반응을 할지 선택할 수 있다.

-       빅터 프랭클

―-------------------------

<행복> 도를 도 라 하면 이미 도가 아닌 것처럼

마냥 밝은 사람이 있다. 그 사람은 언제나 행복해 보인다.
그 사람에게 말한다. 나도 너처럼 언제나 행복하고 싶어.
그러면 그 사람은 응? 이라고 할 것이다.

정말 행복한 사람은
자신이 행복하다 라는 인식이 없다.

행복하다라고 느낌이 들지 않는 것은
본인이 행복안에 있기 때문이다.

모자가 머리에 잘 맞으면 아무런 느낌이 없듯.
쓴 듯 안 쓴 듯.

행복을 행복이라 말하면 이미 행복이 아니다.

어쩌면 좀 덜 행복한 사람은
중간중간 행복하다 라고 인식하고 싶어한다.

그냥 삶. 그냥 놀이. 그냥 친구와의 대화. 그냥 룰루랄라.

그냥 잘잠. 그냥 우환이 없는 것, 그냥 잘 먹고 잘 싸는 것. 그냥 다치지 않는 것. 그냥 오늘 재밌었던 것.

그냥 내일이 당연히 온다는 무념무상의 믿음.
그게 행복이지모.

목사님 신부님 부처님,기도를 하면서 술을 마셔도 됩니까?어허, 기도할 때는 기도만 집중 하셔야지요.

목사님 신부님 부처님,술을 마시다가 기도를 올려도 되나요?암요, 기도는 언제든지 해도 좋습니다.

어떤 유머에서의 변형

<소유> 집착과 사랑

뭐시기를 소유하는 마음이 강해지면
그 뭐시기는 마치 나처럼 느끼게 된다.

나의 범위가 그 곳까지 확장된다.
그것이 곧 내가 되는 것 같아진다.

그것이 흠집 나면 나도 흠집 나고
그것을 빼앗기면 내 마음도 빼앗긴다.

그것이 행복하면 나도 행복하고
그것이 아프면 나도 아프다.

이러한 마음들이 괴로우면 집착이라고 하고
이러한 마음들이 기쁘면 사랑이라고 한다.

청춘일땐 왜 청춘인 줄 몰랐을까

그립다.
그때 열심히 무언가를 했겠지만
왜 아무것도 안 한 것 같을까?

함께 후회하고 있는 노예 동지들아.
언제나 언제나 '오늘'이
내 인생에서 가장 젊은 날이라 카던데

청춘을, 지금을, 매일을, 잘 즐겨 보자꾸나.
또 엠병할 후회하지 않게, 적게 하게.

60세가 되면
20대 생각은 고사하고
40대를 청춘으로 또 기억할 것이야.

——-----------------

<오늘> 오늘 어땠어?

오늘 어땠어? 잠자는 것은 한번의 죽음이지.
'오늘' 이라는 인생. 한 번의 짧은 삶.

오, 난 아직까지
내일이 당연히 올거라 생각하고 있는 나이와 건강상태야.

아무것도 하지 않으면,
아무 일도 생기지 않아.

또. 잃지 않으면
아무것도 얻을 수 없지.
알잖아?

난 널 예전엔 이해했는데
지금은 이해하는 것도 내 판단 기준이라
너의 정확한 옷 사이즈가 아니라고 생각해.

너는 너가 잘 알잖아.

그래서 그냥 나는
너를 너 자체로
'바로- 그대로' 보기로 했어.

그러니까.
너의 존재 자체만으로
난 네가 뭘하든 응원해.

진실로.

그 반지는 너무 내가 아끼는 반지였는데
그 반지를 잃으니 너무 아프다.

널 만났을 때는 너무 좋았는데
널 잃으니 너무 좋았던 만큼 아프다.

체력훈련을 할 때 엄청 힘들었지만
그래도 동메달을 따니 너무 좋았다.

너가 진짜 보고 싶어서 매일 가슴앓이를 했는데
너랑 와락 포옹해보니 보고 싶었던 만큼 너무 좋았다.

너무 좋았던 만큼이 훗날 그 아픔의 크기다.
너무 아팠던 만큼이 훗날 그 기쁨의 크기다.

<건강> 건강하려면

모든 건강하지 못한 것.
병의 원인은 다음과 같다

- 운동부족- 좋지 않은 음식
- DNA (운명이라 불러도 되나?)
- 수면부족, 스트레스

거의 상식인데
아무도 지키지 않는다.

건강을 잃는 것에 사람들은
주저함이 없다.

병이 오고 나서야
건강을 생각한다.

그가 떠나고 나서야
그의 소중함을 안다.

시간이 흐르고 나서야
시간의 소중함을 안다.

이 따위 예시로
누구나 책10권은 쓸 수 있을 것이다.
말만해서 뭐하나

(허영심과 함께 이 글을 쓰며 위스키를 쳐마시고 있다.)
(알코올은 1급 발암물질이다.)
(내일 풋살 할꺼니까 괜찮아)

본성이라는 것은 생명의 바탕이다.
본성이 움직이는 것을 행위라고 하는데
행위가 거짓된 것을 도를 잃는 것이라고 한다.

-         장자

—------------------------

<의지와 환경> 의지와 환경

의지와 환경이 우리의 많은 것을 결정한다.
의지가 강력하면 환경을 거의 무시할만 하더라.
의지가 없으면 환경에 따라 많이 휩쓸리더라.

의지? 의지는
사회화가 된 것으로부터 자연적으로 돌아가는 것.
노동자에서 돈 많은 자본가가 되는 것.

꿈이 없는 사람에서 꿈이 있는 사람으로 되는 것.
사회를 개선하거나 바꾸는 것.

뭐 그런 것들이지.

그래서 뭐 의지를 가진 삶을 살으라고?
아니. 꼭 그럴 필요는 없는데,
무언가를 해보겠다는 의지 없이
자신 주변의 환경에 휩쓸려서
한평생 아무 생각 없이 살다가

큰 병 걸려 죽기전에
또는 인생에서 문득 어떤 순간들에
그 동안의 자신의 인생 제대로 못살았다고 후회하는 사람들이 많더라구.

후회는 안 할 수 없겠지만
지금까지 많은 후회를 한 만큼
그렇게 반복해서 살지 않으려면 어떻게 살아야 할까?

———--------------------------

할아부지가 말했다. 너 인생을 잘살고 있나?
음.. 아니요 잘 살고 있지 않은 듯요.

20년후 다시 물으셨다. 너 인생을 잘 살고 있나?
글쎄요.

생각해보니 할아부지는
내가 진짜 잘 살고 있는지 물어보는 게 아니다.
삶에 대해 내가 얼마나 당당한지 가 궁금하셨던 것이다.

어무이는 밥상을 그 좁은 집에서 집반찬에 생선에 차려주시며 이야기한다
"시간이 참 빠르제"

아부지가 같이 식사를 하고는 얘기한다.
"그대로 둬 내가 다 정리할게"

동생이 얘기한다.
"나 대신 엄빠 잘 모시고 여행 다녀줘서 고마워"

매 지금을 느껴보려 했고

마침내 잠시 살아있는 것에 행복했다.

다시 영원으로

한 걸음부터 다시 달려간다.

안녕히 계세요.

또 봅시다.

(책이 잘 안 팔려도)

230

영원과 영원사이 아스크림 2개 - 영원에서 영원으로 아이스크림 2개(Two ice creams between eternities)

지은이 : 보헤미안블루스

출판사 : 한국표준경영인증원

초판 1쇄 발행일 : 2025년 7월 31일

제본형식 : 종이책 – 무선제본

형체 및 본문언어 : 234p / 125*180 / 한국어

가격정보 : 17,900원

ISBN : 9791198954541 (03810)

본 책의 일부 또는 전체를 저자의 서면 허가 없이 복제, 배포 또는 전송할 수 없습니다. 리뷰나 인용을 위한 간단한 것은 제외합니다.

책 구매 / 강연 / 그 밖의 문의 ;

인스타그램: @bohemian_blues / @fluffythinking

이메일: standkorea@naver.com

< 깨어난 자유 >   < 경계없는 놀이터 >

< 영원과 영원사이 아스크림 2개>   고민 상담?